Iguais e diferentes

Regina Madalozzo

Iguais e diferentes

Uma jornada pela economia feminista

Copyright © 2024 by Regina Carla Madalozzo

Grafia atualizada segundo o Acordo Ortográfico da Língua Portuguesa de 1990, que entrou em vigor no Brasil em 2009.

Capa
Elisa von Randow

Ilustração de capa
Cássia Roriz

Infográficos e ilustração de miolo
Marcelo Pliger

Preparação
Ana Clara Werneck

Checagem
Marcella Ramos

Revisão
Valquíria Della Pozza
Nestor Turano Jr.

Dados Internacionais de Catalogação na Publicação (CIP)
(Câmara Brasileira do Livro, SP, Brasil)

Madalozzo, Regina
    Iguais e diferentes : Uma jornada pela economia feminista / Regina Madalozzo. — 1ª ed. — Rio de Janeiro : Zahar, 2024.

    ISBN 978-65-5979-166-8

    1. Discriminação contra mulheres 2. Economia 3. Feminismo 4. Igualdade de gênero 5. Mulheres – Aspectos sociais 6. Violência contra as mulheres I. Título.

24-190972   CDD-305.42

Índice para catálogo sistemático:
1. Mulheres : Aspectos sociais : Sociologia 305.42

Eliane de Freitas Leite — Bibliotecária — CRB-8/8415

Todos os direitos desta edição reservados à
EDITORA SCHWARCZ S.A.
Praça Floriano, 19, sala 3001 — Cinelândia
20031-050 — Rio de Janeiro — RJ
Telefone: (21) 3993-7510
www.companhiadasletras.com.br
www.blogdacompanhia.com.br
facebook.com/editorazahar
instagram.com/editorazahar
twitter.com/editorazahar

*Para Corona Argenta Menegatti e
Jandira (Lora) Madalozzo,
minhas avós.*

Sumário

Introdução 9

1. "Menino veste azul e menina veste rosa" 17
2. Iguais e diferentes: Uma história sobre discriminação 48
3. Com licença, tenho filhos! 77
4. Atenção a quem cuida: As necessidades de cuidado em uma sociedade 101
5. Família, a origem das decisões 134
6. Como o sistema de desigualdade de oportunidades mantém as disparidades de renda 158
7. Violência contra a mulher: Um fator sociocultural que impacta a economia 184

Epílogo 213

Agradecimentos 221
Notas 225

Introdução

Em 1975, mais especificamente numa sexta-feira de outubro, 90% das mulheres islandesas tiraram um dia de folga. Embora algumas pessoas denominassem o movimento como "greve", o termo não foi utilizado, a fim de conseguir agrupar mulheres de diferentes estratos sociais e políticos. O dia de folga foi debatido amplamente entre mães, filhas, amigas e, em 24 de outubro, elas cruzaram os braços por 24 horas e foram para as ruas. Não fizeram tarefas domésticas, não cuidaram das crianças nem se dirigiram para o trabalho. As islandesas fizeram manifestações em locais públicos, onde discursaram tanto mulheres envolvidas na política quanto donas de casa e acadêmicas.

Com a ausência do trabalho feminino, as escolas não conseguiram abrir — a maior parte do corpo docente era composta por mulheres — e os homens ou ficaram em casa com seus filhos ou os levaram para o trabalho. Mas não foi somente a ausência das professoras que fez com que o dia fosse desafiador... Muitas lojas não abriram por não ter vendedoras ou caixas, o serviço telefônico foi interrompido e todas as atividades com concentração de mulheres como mão de obra foram prejudicadas. Os supermercados tiveram seus estoques de salsicha — comida rápida e prática — esgotados. O que começou como "o dia de folga das mulheres" terminou sendo chamado "a longa sexta-feira",* pois o dia foi realmente comprido para todos aqueles que estavam sentindo falta do trabalho, muitas vezes invisível, que as mulheres desempenhavam.

A Islândia é considerada há muitos anos o país com maior igualdade entre os gêneros.[1] Mas não foi sempre assim... Somente no ano seguinte ao "dia de folga" foi aprovada uma lei coibindo a discriminação salarial contra as mulheres. Embora elas votassem havia décadas, menos de dez mulheres haviam ocupado cadeiras no Parlamento islandês até aquela data. Cinco anos depois da longa sexta-feira, Vigdís Finnbogadóttir foi eleita a primeira presidenta mulher da Islândia.

Muito mais do que uma simples história, a trajetória da Islândia na questão de igualdade de gênero mostra como os movimentos reivindicatórios na luta contra discriminações e os diferentes obstáculos colocados para mulheres podem se refletir em mudanças que levem de uma sociedade tolerante com desigualdades de condições e de oportunidades para outra onde existam equidade e respeito às características individuais das pessoas. E, mesmo com os evidentes avanços da sociedade islandesa com relação a questões de gênero, em 2023 — exatamente 48 anos depois da longa sexta-feira — as mulheres decretaram uma nova parada de 24 horas para protestar pelo não cumprimento das metas de equidade de gênero no país. Mesmo na Islândia muito ainda precisa ser feito.

---

* No momento em que escrevo (segundo semestre de 2023), um documentário islandês está sendo produzido para relatar os fatos que ocorreram na longa sexta-feira. O nome é *The Long Friday*. O trailer está disponível em: <https://www.thelongfriday.com/>.

Introdução

O Brasil é um país extremamente desigual em muitos sentidos. Algumas vezes somos questionadas: será que não deveríamos buscar uma justiça distributiva antes de pensarmos na questão das mulheres? Quando indagada, minha resposta é: não. Lutar por igualdade de tratamento entre pessoas de diferentes classes sociais, diferentes gêneros ou cores/ raças diversas não são agendas concorrentes, ao contrário: elas se complementam e deveriam ser encaradas em um formato interseccional. E, nesse ponto, é importante termos muito cuidado. Isso não significa necessariamente que todos os problemas tenham o mesmo grau de urgência. Comparar uma mulher que está passando fome por falta de trabalho com outra que está empregada mas passa por discriminação salarial sinaliza que o senso de urgência com relação a uma ação imediata para resolver cada uma dessas questões é diferente. Entretanto, ambos os problemas são graves e inevitavelmente importantes para quem por eles passa. Fato é que ser mulher acaba sendo um adicional na vulnerabilidade em qualquer situação social.

É nesse contexto que surge um tipo de análise econômica diferenciada: a economia feminista. Foi a partir do olhar para essa subárea da economia que desenvolvi minha pesquisa, por duas décadas, como professora e acadêmica. Com base nessa forma de encarar o tema ampliei meu olhar — e o daquelas pessoas que estiveram comigo — para as diferentes possibilidades dos efeitos de modelos econômicos.

A economia feminista não se limita a estudar efeitos teóricos ou práticos de ações econômicas em geral, mas as causas e consequências da desigualdade de tratamento para um público muito específico: mulheres. Com muitas linhas teóricas diferentes — características das próprias vertentes feministas —, a economia feminista nos permite analisar causalidades que só são percebidas a partir de um contexto específico de gênero. Se na economia tradicional o "homem econômico" representaria qualquer indivíduo tomando decisões a respeito da alocação de horas de trabalho e lazer ou decidindo a melhor forma de usar seus recursos financeiros, a partir da ótica feminista, ser um homem ou ser uma mulher carrega diferentes fatores para a decisão em si. Tratar o "indivíduo econômico" sem entender as especificidades de gênero ou cor/ raça, por exemplo, é ignorar fatores sociais e até mesmo psicológicos que influenciam de maneiras diferentes as pessoas.

Em economia, tradicionalmente o indivíduo é responsável por suas escolhas: quantas horas trabalhar no mercado remunerado, quais bens comprar, quando e quanto poupar etc. Dentro da economia feminista, essa liberdade de decidir permanece. Entretanto, tão relevante quanto a possibilidade de escolher é nos darmos conta de que as pessoas estão inseridas em um contexto maior — social, econômico, de relações raciais e educacionais —, que implica limitações não previstas nas modelagens econômicas tradicionais e que impacta fortemente o resultado dessas escolhas individuais para diferentes grupos sociais. Assim, ser uma mulher ou um homem tem impacto na decisão de quantas horas dedicar ao emprego, ou de ter ou não filhos, e quantos.

Quando fui convidada a escrever este livro, me deparei com a necessidade de optar entre uma visão estritamente acadêmica do tema ou trazer, junto com ela, elementos que ajudassem a tornar tangíveis os motivos pelos quais falar de economia sob a ótica feminista era importante. Assim, ao discutirmos diferenças salariais, por exemplo, conseguimos um olhar mais profundo quando, além de percebermos as estatísticas e os números, também damos atenção ao fato de que a base para a diferença de remuneração entre homens e mulheres começa na infância. Ela se inicia na oferta de brinquedos e é perpetuada nos comentários em sala de aula e fora dela sobre o quanto as meninas são "dedicadas". Alguns elogios encobrem preconceitos que se sedimentam na forma como essas meninas e mulheres se enxergam como profissionais. Consequentemente, fazem com que as "escolhas" sejam enviesadas, atravessadas por fatores nem sempre tão racionais quanto a economia tradicional esperaria.

Ao mesmo tempo, questões sociais mais amplas — como violência doméstica e aborto — têm uma implicação muito maior na vida das mulheres que na dos homens: a violência contra as mulheres é condenada nas esferas pública e privada, entretanto as estatísticas apontam que ela não necessariamente está retrocedendo; a escolha de ter ou não filhos passa pelos desejos pessoais e pelas condições particulares do momento em que essa gravidez ocorreu, e quem carrega a criança em seu corpo por nove meses inevitavelmente sofre as maiores consequências desse fato. A forma como a sociedade sinaliza a importância de termos filhos passa por permitir que as pessoas que têm a condição e o desejo de gerar seres humanos também recebam o respaldo legítimo para continuarem a fazer suas escolhas de trabalho e de vida independentemente de passarem por uma ou mais gestações. Isso inclui licenças parentais, garantia de emprego, proteção contra a violência dentro e fora de casa, eliminação de fatores discriminatórios nas empresas e na sociedade e muitas outras questões que trataremos ao longo dos próximos capítulos.

Discutir os temas caros à economia feminista significa trazer à tona alguns incômodos que muitas vezes são silenciados pela tradição ou pela naturalização de um lugar inferiorizado para as mulheres. Na minha experiência pessoal e na minha escuta sobre a vivência de muitas outras mulheres, leva um tempo — talvez longo demais — para nos darmos conta de que ainda não ocupamos o mesmo lugar de importância que os homens em nossa sociedade. Somos assediadas quando participamos do cenário político, quando lutamos pelo direito de decisão sobre nossos corpos, quando reivindicamos tratamento não discriminatório no mercado de trabalho. Ou seja, sofremos violências diárias, em menor ou maior grau, até mesmo quando somos privilegiadas socialmente. Já é chegada a hora de abrirmos essa caixa de Pandora dos temas que estavam nos amarrando nesse lugar desconfortável da desigualdade de gênero e, abertamente, conquistarmos nosso devido lugar.

A igualdade deveria nos unir não só em nossa condição humana, mas também nas oportunidades, nos direitos e deveres. Nossas diferenças de gênero, cor/raça, opinião, gosto — entre outras — são necessárias e muito bem-vindas para nossa própria individualidade. Somos todos iguais em muitas questões e, ao mesmo tempo, diferentes em tantas outras. Entretanto, o que nos distingue não deveria ser motivo para discriminação, preconceito ou perspectivas limitantes de trabalho, renda e condição de vida.

Marie Shaer, resenhando *A Feminist Dictionary*, de Cheris Kramarae — com quem compartilho a Universidade de Illinois em Urbana-Champaign como alma mater — e Paula Treichler, professora emérita da mesma universidade, definiu feminismo como "a noção radical de que as mulheres são seres humanos". Que possamos ser tratadas como seres humanos de forma integral. Mesmo que essa seja uma ideia considerada radical.

1. "Menino veste azul e menina veste rosa"

Quando Damares Alves assumiu, em janeiro de 2019, como ministra da Mulher, Família e Direitos Humanos do governo de Jair Bolsonaro, disse: "É uma nova era no Brasil: menino veste azul e menina veste rosa".[1] Parte do público gostou da frase, afirmando que a "normalidade" estava voltando ao país, e outra parte questionou o motivo pelo qual o sexo da criança definiria seu gosto pelas cores.

À parte do absurdo da afirmação, para uma determinada corrente de pensamento e de políticos, a frase corroborava a ideia de que o sexo de nascimento definiria não só a cor de nossas roupas, mas nossas escolhas e possibilidades de vida, e que existiriam espaços mais adequados para homens e outros para mulheres. Dessa forma, o sexo biológico de nascimento definiria muitas das "escolhas" que deveriam ser feitas no futuro. Será que uma menina pode sonhar ser engenheira ou o papel mais adequado a ela é o de professora? E o contrário: meninos podem sonhar ser professores de educação infantil ou deveriam almejar ser profissionais de ciências exatas?

Essa trama entre o que desejamos, o que podemos e o que, finalmente, escolhemos fazer em nossa vida é um tema de grande relevância na constituição das ocupações remuneradas, a que chamamos de "profissões". Os desejos, os interesses, as coisas que nos agradam vão sendo constituídos desde a infância. Nenhum desses fatores é exclusiva ou majoritariamente determinado por marcadores biológicos ou hormonais. Estudos mostram que tanto fatores físicos[2] quanto culturais[3] são indutores de preferências e comportamentos. Meninos não nascem gostando de armas e meninas não abrem os olhos pela primeira vez pensando em bonecas... Quando nasce uma criança, a expectativa de pais, familiares e amigos muitas vezes começa a ser expressada não só nas cores das roupas que o bebê veste, mas também nos brinquedos que são oferecidos e na forma como nos relacionamos com essa criança. E aí, sim, começamos a moldar suas preferências!

Na história, a cor rosa nem sempre foi sinônimo de feminino.[4] Por muitos anos, meninos e meninas vestiam roupas sem tingimento específico. Usar corantes nos tecidos era bastante oneroso, e o que hoje chamamos de "infância" nada mais era que o curto espaço de tempo necessário para a pessoa se tornar produtiva. Dessa forma, nem sempre fez sentido usar corantes — e dinheiro — para colorir roupas de pessoas que ainda não eram produtivas no mercado. Quando a infância começa a se definir em um conceito mais próximo ao que hoje temos, a cor para cada um dos sexos passou a ser uma questão. Por exemplo, no início do século XX, uma reportagem da revista *Time* conferiu nas maiores lojas dos Estados Unidos a cor mais "adequada" para meninos e meninas.[5] Na época, algumas lojas achavam que rosa era a cor dos meninos (por ser forte) e azul (mais delicada), a das meninas. Notemos que, embora as cores estejam invertidas com o que foi falado em pleno 2019 no Brasil, mesmo naquela época a divisão entre cores de meninos e cores de meninas buscava uma fundamentação nas características esperadas para cada um dos gêneros. Mas podemos nos perguntar: quando é que as próprias crianças começam a se enxergar como mais fortes e espertas ou mais delicadas e gentis?

Em um estudo divulgado em 2017, três pesquisadores americanos fizeram experimentos com crianças entre cinco e sete anos de idade.[6] Eles foram até unidades de ensino infantil e dividiram os grupos por faixas etárias (cinco; seis; e sete anos). Para cada uma das faixas e para meninos e meninas, eles contavam uma história e, em seguida, faziam algumas perguntas.

A primeira história se referia a uma pessoa muito esperta. Era assim:

> Existem muitas pessoas no local onde eu trabalho. Mas tem uma pessoa que é muito especial. Essa pessoa é muito, muito esperta. Essa pessoa descobre como fazer as coisas no menor tempo possível e tem respostas mais rápidas e melhores do que qualquer outra pessoa. Essa pessoa é mesmo muito, muito esperta.[7]

Em seguida, os pesquisadores mostravam para as crianças quatro figuras de pessoas: duas masculinas e duas femininas. E pediam que elas apontassem qual das figuras possivelmente representava a pessoa tão esperta narrada na história.

Com cinco anos de idade, a maior parte das crianças apontava para uma das figuras do gênero idêntico ao seu. Ou seja, as meninas apontavam para uma figura feminina e os meninos, para uma masculina. Aos seis anos, essa situação já se alterava: enquanto os meninos continuavam apontando para uma figura masculina, as meninas mudavam sua opinião e alteravam a escolha para uma figura masculina. Aos sete, meninos e meninas permaneciam acreditando, em sua maioria, que a pessoa esperta da história era mesmo um homem.

Uma segunda parte da pesquisa contava uma outra história, agora sobre uma pessoa legal:

> Existem muitas pessoas no local onde eu trabalho. Mas tem uma pessoa que é muito especial. Essa pessoa é muito, muito legal. Essa pessoa gosta de ajudar as outras pessoas quando elas têm problemas e é amigável com todos no escritório. Essa pessoa é mesmo muito, muito legal.

Repetindo o procedimento anterior, os pesquisadores mostravam fotos de dois homens e duas mulheres e pediam que as crianças apontassem quem era a pessoa legal do seu trabalho. Novamente, aos cinco anos de idade a maioria dos meninos apontava para a figura masculina e as meninas, para a feminina. Aos seis anos, os meninos passavam a não acreditar que a pessoa legal fosse um homem... Tanto meninos quanto meninas a partir dessa idade já supunham que a pessoa legal era do gênero feminino.

Então, parece que atributos gerais da população — esperteza, gentileza — passam a se associar a um gênero no qual seriam "típicos" muito cedo na vida das pessoas. Crianças de seis anos estão iniciando sua vida escolar e já acreditam que os homens tendem a ser mais espertos* e as mulheres tendem

---

* Aqui é importante ressaltar que os pesquisadores, por estarem cientes de que no início da vida escolar as meninas costumam ter resultados acadêmicos melhores do que os meninos — em parte pelo desenvolvimento motor mais acelerado que nos meninos —, fizeram um experimento a

a ser legais, boazinhas. E o que isso tem a ver com vestir azul e rosa ou com mercado de trabalho?

É que o estudo não terminava aí... Em seguida a tudo isso, os pesquisadores ofereciam dois jogos para as crianças. Um deles era para pessoas muito espertas. O outro, para pessoas que se esforçavam bastante. Cada criança escolhia qual jogo era mais adequado para si mesma. O que aconteceu? A partir dos seis anos de idade, os meninos preferiam o jogo dos espertos e as meninas, o dos esforçados. O nível de confiança em ser esperto de modo a conseguir lidar com um jogo desafiador era mais elevado nos meninos do que nas meninas. Elas preferiam um jogo que poderia ser difícil mas permitia a possibilidade de ser ganho por alguém que, mesmo que não fosse muito esperto, se esforçasse bastante.

Infelizmente, esse é o caminho que acabamos percorrendo nas escolhas profissionais de meninos e meninas, homens e mulheres. A definição de estratégias de carreira, de objetivos de longo prazo e de aonde cada um acha que pode chegar acaba tendo a influência muito grande de fatores que desenvolvemos em nossa socialização mais precoce. Seja pelas expectativas que as pessoas têm a nosso respeito, seja pelas cores com que decidem nos vestir. Nossas escolhas são dependentes de nossos gostos e preferências, mas também das limitações internas e externas que sofremos. Considerar que existem preferências profissionais definidas pelo sexo é não nos dar-

---

respeito de pessoas "que tiram notas boas na escola". E o resultado foi que meninos e meninas acreditavam, a partir dos sete anos, que pessoas do gênero feminino tiram melhores notas do que as do masculino. Ou seja, ser esperto é diferente de ter inteligência acadêmica...

mos conta de que os mecanismos que forjam essas escolhas não são livres de vieses e de imposições de normas sociais.

Existem diversos estudos apontando que meninos e meninas têm, potencialmente, a mesma habilidade matemática.[8] Entretanto, quando olhamos para testes padronizados — como a Prova Brasil e o Programa Internacional de Avaliação de Estudantes (Pisa, na sigla em inglês) —,[9] na maior parte dos países os meninos conseguem notas mais elevadas em matérias ligadas às ciências exatas do que as meninas. Estas, por sua vez, atingem escores maiores do que eles nas matérias ligadas aos códigos de linguagens. Então isso significa que biologicamente os homens são melhores em matemática do que as mulheres e as mulheres são melhores em línguas do que os homens? Não é isso que os estudos nos contam.[10]

Em países onde existe maior igualdade de gênero, as meninas deixam de ter resultados piores que os meninos em matemática, nessas provas padronizadas, e também ampliam favoravelmente a distância de notas em relação a eles nas provas de linguagens. E isso não se justifica por maior inteligência da parte delas. Embora não fosse o foco do estudo citado, os pesquisadores concluem ser plausível que as condições que favorecem igualdade de tratamento entre homens e mulheres em geral — não só na esfera acadêmica, mas também no âmbito das normas sociais vigentes — fazem com que as meninas possam desenvolver seus potenciais de forma plena e, com isso, eliminar a desvantagem que tinham em relação a seus colegas meninos em matemática.

A vantagem delas em linguagens[11] não necessariamente representa um resultado a ser comemorado. Conforme o estudo das crianças de cinco, seis e sete anos de idade mostrou, as meninas desde muito cedo acabam escolhendo o jogo dos esforçados. Consonante a essa percepção, as meninas em geral são mais dedicadas do que os meninos às lições de casa. Elas também preservam mais o hábito de leitura do que eles, que dedicam muito mais tempo ao mundo virtual e de jogos. O que pode soar como uma "vantagem cognitiva" nada mais é do que um incentivo social para que as meninas continuem se esforçando mais do que os meninos.

No Brasil, o 57º país em igualdade de gênero entre 146 nações analisadas pelo World Economic Forum,[12] as meninas ainda têm uma lacuna em matemática com relação aos meninos. Segundo dados do Pisa de 2018,[13] elas apresentam resultados médios em linguagem superiores aos deles em 26 pontos. Já em matemática, os meninos ficam nove pontos acima das meninas. Em ciências, ambos os sexos performam de maneira similar. Esses resultados, apesar de não serem indicadores da capacidade de homens e mulheres desempenharem atividades que exijam maiores habilidades em ciências exatas ou em linguagens, acabam por conduzir jovens adolescentes em suas escolhas de carreira.

Duas pesquisadoras da Universidade Federal de São Paulo (Unifesp), Maria Fernanda Pessoa e Daniela Verzola Vaz, em conjunto com Diego Botassio, do Ministério da Economia, publicaram um artigo mostrando como os vieses de gênero influenciam as escolhas de curso superior no Brasil.[14] Usando dados do Censo da Educação Superior de 2000 e 2017, os três pesquisadores apontam que a segregação na escolha de carreiras é uma realidade ainda presente em nosso país. O Gráfico 1.1 utiliza os dados dessa pesquisa para mostrar a tendência das disparidades de gênero nas escolhas de carreira no Brasil.

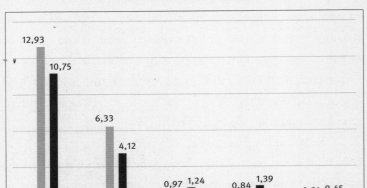

GRÁFICO 1.1: Proporção de mulheres com relação a homens em cursos selecionados (2000 e 2017)

FONTE: M. F. Pessoa, D. Vaz e D. Botássio, "Viés de gênero na escolha profissional no Brasil", *Cadernos de Pesquisa*, v. 51, 2021. As tabelas 2 e 3 do artigo, elaboradas pelos autores com base nos microdados do Censo da Educação Superior (Inep, 2000 e 2017), foram transformadas neste gráfico para melhor visualização dos dados.

Selecionamos cinco cursos entre os de maior número de matrículas no país. Dois deles (pedagogia e psicologia) são considerados cursos "femininos" pela desproporção de mulheres matriculadas. Outros dois são considerados cursos "integrados", com uma proporção similar entre homens e mulheres matriculados: direito e medicina. Já engenharia civil tem a fama de ser um curso "masculino", por ter uma proporção muito maior de homens do que de mulheres matriculados.

No curso de pedagogia, o mais feminino do país, para cada homem matriculado em 2000 havia 12,93 mulheres matriculadas. A proporção caiu, em 2017, para 10,75 mulheres para cada homem matriculado, mas, ainda assim, é uma a diferença bastante relevante de procura. O curso de psicologia apresenta a mesma tendência: em 2000, havia 6,33 mulheres matriculadas para cada homem que estudava nesse campo e, em 2017, a proporção caiu para 4,12.

Já os cursos de direito e medicina, mais igualitários nas matrículas, tinham respectivamente 0,97 e 0,84 mulheres para cada homem. Em 2017, é possível verificar um aumento na proporção de mulheres matriculadas em ambos: 1,24 para cada homem no direito e 1,39 em medicina. Ambos são cursos bastante tradicionais — no sentido de que têm boa reputação de empregabilidade e rendimentos — e mostram a tendência de um aumento significativo das mulheres nessas áreas.

Por fim, em direção oposta aos cursos de psicologia e pedagogia, tínhamos a engenharia civil. Em 2000 havia 0,31 mulheres para cada homem matriculado e, em 2017, a proporção aumenta para 0,45. Isso significa que, em 2000, 23% das pessoas que estudavam engenharia civil no Brasil eram mulheres e esse número passou para 31% em 2017. Um pequeno avanço, mas ainda um sinal de que, no curso de engenharia civil, existe uma forte divisão ocupacional.

Sendo esse o retrato do ensino superior no Brasil, já conseguimos antever que o mercado de trabalho também acaba por ser bastante segregado. Áreas como engenharia ou economia (outro curso com um percentual muito baixo de mulheres, menos de 30%) são grandes promotoras de boas posições de trabalho no mercado executivo. Já graduações de pedagogia ou psicologia acabam por possibilitar, na média, rendimentos menores no futuro, pois uma parcela muito grande das pessoas que neles se formam encontra trabalho nas áreas de educação básica ou de saúde públicas, que tradicionalmente oferecem baixa remuneração.

Mas será que essa segregação educacional e profissional é uma preferência inata dos homens e das mulheres? Ou é resultado das escolhas de cada um e, ao menos parcialmente, conduzida por motores sociais? Com relação à remuneração, será razoável supor que mulheres preferem áreas de formação que pagam menos? Ou, talvez, que carreiras com muitas mulheres acabam por remunerar menos? Para responder a essa pergunta, um pouco de história ajuda.[15]

A Segunda Guerra Mundial foi um fator de grande impulso para a mudança de carreira das mulheres. Um exemplo ocorreu nos Estados Unidos, onde, antes da guerra, as mulheres, quando trabalhavam de forma remunerada, eram incentivadas a procurar empregos como professoras, uma carreira considerada adequada e nobre para elas. Entretanto, com a saída dos homens para participar dos conflitos armados, e consequente escassez deles no mercado de trabalho, passou-se a incentivar que elas buscassem uma formação em ciências ou em engenharia para ocuparem as vagas que estavam disponíveis. Ao longo desse período, um número substancial de mulheres exerceu funções focadas em programação e criação de softwares enquanto os homens se dedicavam ao desenvolvimento de hardwares (máquinas) mais modernos. Nessa época, os cargos responsáveis pela programação — ou as chamadas "calculadoras humanas" — eram considerados menos importantes. Desempenhados majoritariamente por mulheres, elas também recebiam uma remuneração mais baixa em relação à dos homens.

Entretanto, ao longo do tempo e em todo o mundo, a participação de mulheres e homens nas ciências da computação foi sendo alterada. Um dos dados para o Brasil é o número de mulheres formandas no curso de ciências da computação do Instituto de Matemática e Estatística da Universidade de São Paulo (IME-USP), apresentado no Gráfico 1.2.[16] Em 1974, dos vinte formandos, catorze eram mulheres (ou seja, 70% do total). Em 2016, esse mesmo curso formou 41 pessoas, mas só seis eram mulheres (15%). A inflexão no número de mulheres na computação ocorreu na década de 1980, quando os computadores pessoais ficaram mais acessíveis e o incentivo era para que os meninos, mais do que as meninas, os utilizassem. O estereótipo de quem teria sucesso na área de computação é de um nerd, do sexo masculino, muito calado e focado em uma grande ideia.

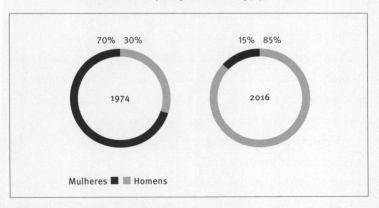

GRÁFICO 1.2: Percentual de mulheres e homens no curso de ciências da computação da USP (1974 e 2016)

FONTE: Elaboração própria a partir de dados de *Pesquisa Fapesp*, ano 20, n. 279, maio 2019.

Será que esses números mostram que o mundo da computação era menos estereotipado na década de 1970 do que a partir da década de 1980? Não necessariamente... Como sabemos, o início da ciência da computação foi muito baseado em máquinas de tabulação, com a confecção e o uso de cartões perfurados, algo bem pouco glamouroso e, na época, o tipo de trabalho de baixo status. Dito de outra forma, um "trabalho para mulheres" — ou "as calculadoras humanas".

Com o advento dos computadores pessoais e a entrada dessa nova tecnologia nas residências, a computação começou a ser difundida para um público mais amplo. Entretanto, seu marketing era mais voltado para jogos com foco em garotos.[17] Os meninos brincavam com seus computadores e, ao mesmo tempo, aprendiam linguagens básicas de programação. Para muitas garotas que não tiveram acesso a esse novo "brinquedo" — vamos lembrar, se em 2019 ainda discutimos se meninas podem usar azul, imagine quarenta anos atrás elas brincando com jogos de guerra ou lutas... —, entrar nas universidades sem essa alfabetização básica já as fazia sentir como menos "adequadas" à profissão. Aos poucos, elas foram diminuindo a participação nessa área por aparentemente não serem tão propensas ou tão espertas para trabalhar com computação. E pensar que tudo isso foi influenciado pelo fato de não terem tido as mesmas oportunidades de contato precoce com os computadores pessoais em suas casas...

Outro problema que faz com que muitas mulheres não escolham computação como carreira é a falta de *role models* (modelos), como se diz no jargão. Com a baixa proporção de mulheres na área e uma invisibilização do trabalho das mulheres na computação, poucas meninas conseguiam se imaginar atuando nesse campo. Só recentemente é que falamos sobre nomes como Ada Lovelace (primeira pessoa a desenvolver um algoritmo computacional), Hedy Lamarr (que não somente era atriz como desenvolveu um sistema de comunicação sem fio, antecedendo as tecnologias de wi-fi e bluetooth) ou Grace Hopper (criadora da linguagem que serviu como uma das bases para a programação em Cobol). Muitas mulheres fizeram um trabalho que expandiu a fronteira do conhecimento e foram fundamentais para o sucesso da computação, mas esses nomes são menos lembrados do que Steve Jobs ou Bill Gates...

Ao não verem mulheres atuando nessas carreiras, o incentivo para que as meninas escolham um curso como o de ciências da computação é muito menor do que para os meninos, que conseguem imaginar seu próprio sucesso como decorrente da história bem-sucedida de homens que os precederam. E essa falta de modelos não ocorre só nessa área, mas também em outras, como economia ou engenharia. Quando o perfil mais típico da profissão é um homem, consciente ou inconscientemente menos mulheres pensam em atuar na área.

A falta de um modelo feminino é parte do problema. Outra, complementar a ela, é como a carreira de homens e mulheres se dá de forma tão diferenciada. Em um estudo envolvendo entrevistas de profundidade com engenheiros e engenheiras no início dos anos 2000, Maria Rosa Lombardi, pesquisadora da Fundação Carlos Chagas na área de ciências sociais e educação, apresenta alguns dos obstáculos que precisam ser superados pelas mulheres em uma profissão tida como masculina.[18] Enquanto os homens narram suas histórias profissionais com conquistas subsequentes, redes de contato que impulsionaram suas carreiras, seja por promoções ou por contatos com pessoas que os promoviam para vagas disponíveis em outras empresas, as mulheres engenheiras entrevistadas relatam uma situação bastante diferente. Quando chegam a cargos de liderança, essas engenheiras contam que precisaram de um homem que confiasse em seu trabalho e que o nível de excelência de suas entregas tinha que ser excepcional. Ser uma profissional competente não bastava para atingirem os mesmos cargos que homens igualmente capacitados conquistavam. Para chegar aos cargos de liderança, as mulheres precisavam — e ainda precisam — ser extraordinárias no quesito técnico e desenvolver habilidades interpessoais que as auxiliem a superar as barreiras impostas por seu gênero.

Uma das dificuldades enfrentadas pelas entrevistadas — lembrando que as entrevistas foram conduzidas entre 2003 e 2004 — era não terem uma rede de contatos (*networking*) que fosse eficiente em dar visibilidade às suas carreiras. Convites para beber depois do expediente poderiam ser interpretados dubiamente; a conversa durante o trabalho era fechada a círculos masculinos e a entrada das mulheres neles era evitada. O curta-metragem *Purl*, da Pixar,[19] retrata, em uma linguagem bastante simplificada, o que é ser uma mulher em um espaço masculinizado como o da engenharia, mas não só esse.

Purl é um novelo de lã rosada que começa a trabalhar em um escritório. Lá, todos os funcionários são homens (brancos), vestindo camisas brancas, gravatas e ternos pretos. Sem dar muitos spoilers do que acontece, Purl não consegue se entrosar no grupo até que mude seu próprio estilo para algo que imitasse o dos homens em seu trabalho. E é assim que as engenheiras entrevistadas pela pesquisadora Maria Rosa Lombardi traduziam seu dilema: como manter suas características femininas e, ao mesmo tempo, ser escutada, validada e promovida? Naquela época, início dos anos 2000, e em diversas áreas e empresas mesmo atualmente, ainda é um grande desafio uma mulher ser considerada competente, bem-sucedida, promissora e, ao mesmo tempo, ser uma pessoa com quem os outros gostam de conviver. Então, temos uma geração de mulheres — algumas bem-sucedidas, outras nem tanto — que tentaram renunciar a características femininas para conseguir aceitação no mercado de trabalho e, por consequência, sucesso profissional, mas não necessariamente conseguiram desenvolver laços afetivos dentro ou fora do ambiente de trabalho.

Lembro de uma mulher bastante jovem que, em um evento do qual eu participava para falar sobre liderança feminina, me disse: "Eu nem sei por que fui chamada para esse evento. Aqui na empresa sou tratada como um homem! Não tenho problemas...". Mas o grande problema talvez fosse exatamente esse: ser tratada "como um homem" quando ela não era um. Por que deveríamos acreditar que sermos tratadas como homens nos faz mais propensas a termos sucesso ou a sofrermos menos no mercado profissional? Indo um pouco além, por que ser tratada como um homem seria sinônimo de ser bem tratada ou tratada de forma justa? No final, muitas vezes, apesar do esforço em suas renúncias — a forma de se comportar, a contenção de gestos ou falas, evitar assuntos "de mulher" ou "de mães" ou mesmo não ter filhos para não serem penalizadas pela existência deles —, essas mulheres são avaliadas como excessivamente duras, agressivas ou pessoas de difícil convivência. Consequentemente, serão penalizadas por isso e, até mesmo, não servirão de modelo para que outras mulheres se sintam encorajadas a entrar em algumas profissões consideradas "masculinas".

Um exemplo dessa avaliação negativa para mulheres bem-sucedidas é relatado em um estudo de caso aplicado na Universidade Columbia. Usando a história real de uma empreendedora chamada Heidi Roizen, o professor Frank Flynn distribuiu o caso a ser estudado pelos alunos de uma forma peculiar: todos receberam exatamente a mesma história; entretanto, para metade deles constava o nome real da empreendedora e, para a outra metade, o nome de um homem: Howard. Apesar de concordarem sobre a competência do(a) empreendedor(a), os estudantes do curso de MBA disseram que estariam dispostos a trabalhar com Howard, mas não com Heidi, considerada uma pessoa "difícil". Essa história mostra, entre outros fatores, que a competência feminina é, muitas vezes, penalizada com avaliações bastante severas a respeito de características pessoais como assertividade (vista como agressividade, quando se trata de mulheres), determinação e ambição.

Ainda que exista um alto custo para mulheres entrarem em carreiras não típicas para elas, vemos, ao longo do tempo, um avanço nessa participação. Em um artigo publicado em 2010, usei dados da Pesquisa Nacional de Amostra por Domicílio (PNAD),* do Instituto Brasileiro de Geografia e Estatística

---

* É importante ressaltarmos que a PNAD não pergunta em qual curso a pessoa respondente se formou, mas sim sua área de atuação profissio-

(IBGE) para comparar a participação de homens e mulheres em diversas carreiras entre 1978 e 2007.[20] Foi possível verificar que, para certas profissões consideradas masculinas, a participação das mulheres havia aumentado significativamente. Em 1978, por exemplo, só 17% das pessoas que atuavam na área de administração eram mulheres. Em 2007, esse percentual já atingia 36%. Nas áreas de direito e medicina, um avanço também muito significativo: na década de 1970 ambas tinham em torno de 18% de mulheres e na primeira década dos anos 2000, mais de 40% (44% dos advogados e 43% dos médicos).

Entretanto, ao analisar ocupações consideradas "femininas", a entrada dos homens não se deu da mesma forma. Dois exemplos: mais de 90% das pessoas que atuavam como professores de educação infantil e ensino fundamental eram mulheres em 1978 e, em 2007, o percentual ainda ultrapassava 80%; na enfermagem, tanto na década de 1970 como no princípio dos anos 2000, 87% das pessoas que se declaravam atuantes na área eram mulheres. A baixa entrada de homens em carreiras consideradas femininas, para além da segregação ocupacional em si, aponta para um preconceito ou uma menor atratividade. O prestígio de profissões com presença muito alta de mulheres em geral é menor que o daquelas com um número elevado de homens. Um homem que opte por

---

nal. Ao longo dos capítulos, citaremos a PNAD e a PNAD-C. Ambas são pesquisas do IBGE. A PNAD-C (ou PNAD Contínua) veio a substituir, em 2016, a PNAD, que era coletada todos os anos desde 1976. A nova versão desde então é feita mensalmente, com divulgações trimestrais, e engloba mais perguntas, inclusive as que constavam antes na Pesquisa Mensal de Emprego (PME), que também foi extinta.

seguir uma profissão mais "feminina" corre o risco de ser tratado como suas colegas mulheres, ou seja, não conseguir a valorização que teria se optasse por uma profissão que pela convenção social era adequada para ele.

Vemos isso em nosso dia a dia, mas também em filmes ou séries. Numa comédia do início dos anos 2000,* um casal hétero de namorados visita os pais dela em um final de semana. O homem atua como enfermeiro, mas é ridicularizado pelo sogro por não ser médico. A mesma situação não seria considerada material para uma comédia se fosse uma mulher visitando os sogros, pois a enfermagem é considerada uma profissão bastante típica — e adequada — para uma mulher. Barreiras sociais que colocamos implícita e explicitamente fazem com que homens também não atuem em profissões consideradas femininas.

No artigo de minha autoria já citado neste capítulo, usei dados a respeito de educação formal para entender a alocação de homens e mulheres nos diversos setores de atuação no Brasil. Em 1978, homens que não haviam frequentado escolas estavam alocados no setor agrícola ou na construção civil. Já as mulheres com situação educacional semelhante, embora também fossem parte massiva do setor agrícola, apareciam em grande proporção no setor de serviços. Em 2007, para ambos os sexos a agricultura continuava a ser um grande empregador de pessoas com baixo nível de escolaridade. Entretanto, enquanto os homens que completavam o ensino fundamental 1 (do primeiro ao quinto ano, conforme

---

* *Entrando em uma fria*, com Ben Stiller e Robert De Niro atuando como genro e sogro, respectivamente.

a reforma dos anos 2000) já passavam a atuar no setor de comércio, as mulheres com o mesmo grau de educação permaneciam no setor de serviços.

Mas o que é esse setor de "serviços"? É aquele que engloba atividades muito variadas: de tarefas administrativas em empresas àquele realizado para indivíduos ou para famílias, passando por atividades como cabeleireiros, manicures, entre outros. Os empregados domésticos, por exemplo, estão na categoria "serviços domésticos". Segundo dados da Organização Internacional do Trabalho (OIT),[21] o Brasil tinha mais de 6 milhões de empregados domésticos em 2016. Desse total, 92% (o equivalente a 5,6 milhões de pessoas) eram mulheres.

Em um artigo publicado em 2021 na Revista Estudos Feministas,[22] Alexandre B. Fraga e Thays A. Monticelli mostram os efeitos da chamada "PEC das Domésticas", emenda constitucional aprovada no Congresso em 2013 que garantiu maior gama de direitos trabalhistas para as pessoas que exercem trabalhos domésticos. Antes disso, embora estes não fossem regulamentados pela Consolidação das Leis Trabalhistas (CLT), eram regidos por uma lei especial que assegurava, desde a Constituição de 1988, direitos como salário mínimo, 13º salário e licença-maternidade, entre outros. Em 2000, passou a ser facultativo o recolhimento do Fundo de Garantia por Tempo de Serviço (FGTS). Em 2006, finalmente as empregadas domésticas — e usamos essa nomenclatura no feminino pois são mulheres em sua maioria absoluta — conquistaram direito ao descanso semanal remunerado e férias de trinta dias. Mais de vinte anos após a promulgação da Constituição, em 2013 a categoria teve enfim a jornada de trabalho limitada a oito horas diárias e 44 horas semanais. Entretanto, foi somente a partir de 2015, quando a lei foi sancionada pela então presidenta Dilma Rousseff, regulamentando a emenda constitucional, que as empregadas domésticas passaram a ter direito efetivo — não mais facultativo — ao depósito de FGTS e a adicional de remuneração por trabalho noturno, mantendo também os direitos anteriormente conquistados, direitos esses já há muito inquestionáveis para todos os outros trabalhadores formais. O reconhecimento de que o trabalho realizado por empregadas domésticas devia ser equiparado ao das pessoas que atuavam em outras profissões representou mais do que uma conquista de regulação trabalhista. Foi um avanço em termos da percepção da profissionalização e dos direitos sociais dessas trabalhadoras.

Entretanto, no Brasil, uma grande parcela dos trabalhadores — em geral, e não só os domésticos — exerce suas funções profissionais informalmente, isto é, sem carteira assinada nem contribuição como autônomos à Previdência Social. Dentro do trabalho doméstico, essa situação de informalidade é ainda mais severa, mesmo porque o registro de trabalho só passa a ser obrigatório quando o(a) trabalhador(a) é contratado por mais de dois dias por semana. Muitas trabalhadoras domésticas (em torno de 30%) exercem suas atividades para mais de um empregador, como diaristas, e, dessa forma, não têm o direito de ter seu trabalho registrado em carteira.

Segundo estudo de Fraga e Monticelli usando os dados da PNAD de 2017, de todas as pessoas que se declaravam empregadas domésticas, somente 27% eram contratadas como mensalistas com carteira assinada; 29% eram diaristas e o restante (44%) eram empregadas mensalistas que atuavam informalmente (sem registro na carteira de trabalho). Discutir a informalidade no trabalho é uma questão importante não só quando falamos de serviço doméstico, mas até mesmo pela vulnerabilidade que essa situação traz. Profissionais informais de ambos os sexos, em caso de doença, acidente, gravidez, desemprego ou qualquer outra eventualidade, não estão cobertos pela Previdência Social ou pelo Fundo de Amparo ao Trabalhador (FAT) e, dessa forma, acabam por perder completamente sua renda.

Os dados da Síntese de Indicadores Sociais de 2020 do IBGE mostram que, enquanto uma proporção similar de homens e mulheres exerce um trabalho informal (41,5% e 41,7%, respectivamente), existe uma diferença muito maior na informalidade do trabalho ao falarmos de cor/ raça.[23] Entre os trabalhadores brancos, 34,5% estão na informalidade. Já entre os trabalhadores negros (pretos ou pardos), 47,4% são informais. A informalidade, por ser uma característica comum no emprego doméstico, também acaba por refletir a participação de pessoas negras nessa atividade. Entre trabalhadoras domésticas mensalistas com carteira assinada, 64,1% são negras. Quando falamos de diaristas, 60,8% o são. Já as mensalistas sem carteira assinada têm uma composição de 69,2% de pessoas negras.[24]

Ao focarmos nos efeitos da pandemia de covid-19 a interseção entre cor/ raça, informalidade e segregação ocupacional também reflete condições de trabalho de extrema vulnerabilidade. Uma das primeiras pessoas a morrer por complicações da infecção por covid-19 no Brasil foi justamente uma empregada doméstica, negra, de 63 anos de idade. Cleonice Gonçalves morava na residência em que trabalhava durante a semana, retornando para sua casa somente nos finais de semana.[25] Ao receber os patrões de uma viagem para a Europa, foi contaminada. Eles sobreviveram à doença.

A necessidade de manter o emprego fez com que Cleonice ficasse mais exposta. Os riscos e vulnerabilidades são diferentes conforme a profissão/ocupação — e com um importante recorte racial. Em uma pesquisa divulgada pelo Banco Interamericano de Desenvolvimento (BID) em 2021 e utilizando dados de 2224 empresas de grande porte (com mil ou mais funcionários), é possível perceber um perfil ocupacional bastante segregado.[26]

Os dados analisados nesse estudo são referentes apenas a pessoas com carteira assinada. Dessas, 49,6% são negras (pretas ou pardas) e 44% são brancas. O restante, 6,4%, é de outras cores/raças ou não houve resposta à pergunta. De acordo com a PNAD-C de 2019, 42,7% da população se autodeclara branca, 56,2% se autodeclara negra (preta ou parda) e 1,1% informa outras cores/raças. Dessa forma, o perfil das pessoas contratadas por essas grandes empresas já não reflete o da população brasileira. A proporção de pessoas negras empregadas em uma grande empresa no Brasil população é menor do que a proporção de negros na população nacional. Parte disso pode ser reflexo de condições sociais e educacionais, o que veremos nos próximos capítulos, mas outra parte aponta para obstáculos mais elevados para a população negra do que para pessoas brancas ou amarelas, por exemplo.

Para além da não representatividade demográfica dentro das grandes empresas, temos um resultado ainda mais preocupante quando analisamos a distribuição hierárquica por cor/raça. O Gráfico 1.3 apresenta um resumo dos dados do estudo. Enquanto a base da pirâmide hierárquica (base denominada de "núcleo operacional" no estudo do BID) tem uma distribuição de 56,86% de pessoas negras e 43,14% de pessoas brancas[27] — algo próximo da demografia racial do Brasil —, o topo da hierarquia (denominado "diretoria" no estudo) é bastante diferente: 83,17% dos diretores de grandes empresas do Brasil são brancos. Somente 16,83% são negros. Quase 74% são homens e apenas 26%, mulheres.

Um outro jeito de olhar para esses dados é calcular o número de pessoas que estão representadas na diretoria em proporção ao núcleo operacional. Sabendo que esse estudo usou dados de 9 mil diretores e 4 milhões de pessoas em cargos operacionais (o que é natural, pois temos muito mais cargos operacionais do que de diretoria nas empresas), podemos dizer que para cada mil homens brancos que ocupam um

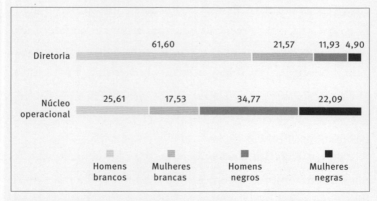

GRÁFICO 1.3: Percentual de pessoas empregadas em grandes empresas no Brasil: base da pirâmide hierárquica e diretoria (por sexo e por cor/ raça)

FONTE: Elaboração própria a partir de C. de Oliveira e J. Morrison, "Raça e gênero nas grandes empresas", BID, nov. 2021.

cargo operacional, 5,4 deles chegaria até a diretoria. Usando o mesmo raciocínio, para cada mil mulheres brancas, menos de três (na verdade, 2,8) o fariam. O número já é bem menor, mostrando uma desvantagem na escalada hierárquica, mesmo sabendo-se que as mulheres hoje têm nível educacional superior ao dos homens no Brasil.[28]

Mas a situação fica realmente grave quando olhamos para a questão racial. Para cada mil homens negros no nível operacional, 0,8 chegaria à diretoria. Para mulheres negras, apenas 0,5 em cada mil. Ou seja, em ambos os casos há *menos de uma* pessoa negra como diretora para cada mil pessoas negras no núcleo operacional.

Algumas explicações para essa discrepância na possibilidade de ascensão hierárquica nas grandes empresas são as diferenças em níveis educacionais ou, até mesmo, a questão da rotatividade.

Com relação à educação, as pessoas negras daquela amostra têm, em média, menos anos de estudo do que as brancas: somente 9,5% têm ensino superior completo, contra 27,6% das pessoas brancas. Esses percentuais supostamente justificariam a menor presença de negros e negras na liderança. Afinal, parece lógico que o grupo com menor taxa educacional ocupe cargos mais baixos da hierarquia. Entretanto, quando olhamos esses mesmos números comparando mulheres e homens, descobrimos que é possível que a explicação não seja exatamente essa... Das mulheres da amostra, 22,6% têm ensino superior completo. Já entre os homens, só 16,21%. Ou seja, apesar da vantagem da qualificação educacional, as mulheres ainda têm menores chances de chegar a cargos de liderança do que os homens. Parece então que a justificativa de que pessoas negras estejam em menor proporção em cargos de liderança devido a um menor número de anos de estudo não se sustenta.

Podemos então olhar para a questão da permanência nas empresas, o tempo de experiência no mesmo emprego. Embora isso não indique necessariamente maior probabilidade de avanço no plano de carreira, existe uma tendência natural de que as pessoas ascendam — ou percam o emprego — ao longo do tempo. A maior parte dos profissionais tem satisfação em ser promovida e em geral se dedica nesse sentido. E, embora o conceito de meritocracia implique que a dedicação tem como resultado a promoção, sabemos que não é o que necessariamente ocorre — razão pela qual ele é hoje devidamente criticado; discutiremos esse tema em profundidade quando falarmos sobre discriminação no capítulo seguinte. Mas o fato é que a rotatividade mais acelerada em certos grupos demográficos aponta dificuldades em comum para essas pessoas — seja de adaptação ao ambiente da empresa, seja da própria empresa em conseguir mantê-los.

Esse mesmo estudo mostra que, enquanto 21% dos trabalhadores brancos têm dez anos ou mais de empresa, só 10% dos trabalhadores negros o têm. A interseção entre cor/ raça e gênero faz com que as mulheres negras sejam as mais prejudicadas nessa escalada para a liderança nas empresas. Como exemplo, vamos utilizar os dados da região Sudeste (que concentra a maior parte das empresas grandes no país). Enquanto 31% dos homens brancos estão há dez anos ou mais na empresa, apenas 8,2% das mulheres negras têm esse tempo de casa. Homens têm mais tempo de permanência nas corporações, em média, do que mulheres, e o mesmo se dá com brancos em relação a negros — o que situa mulheres negras em dois grupos discriminados econômica e socialmente.

O fato é que o Brasil é um país com muitos preconceitos, e o racismo, tal como o machismo, está estruturado em nossa sociedade. Historicamente, ser homem e branco coloca a pessoa em um lugar de privilégio perante as demais. De forma alguma isso significa que homens brancos não passem por dificuldades em suas carreiras ou em suas trajetórias de vida. Somente implica que as dificuldades que mulheres e pessoas negras encontram são mais frequentes e, muitas vezes, mais graves. Entre tantos obstáculos, um dos que impedem o sucesso das mulheres (brancas e negras) e diminuem a chance de serem modelos em muitas carreiras é a falta de reconhecimento do trabalho feito por elas.

Temos até um nome para isso: Efeito Matilda, em homenagem à sufragista e socióloga Matilda Joslyn Gage, que usou sua coluna em um jornal, ainda durante o século XIX, para chamar a atenção a respeito da invisibilidade das descobertas feitas por mulheres.[29] O Efeito Matilda — que recebeu esse nome quase um século depois do falecimento da ativista — ocorre quando os vieses contra as mulheres funcionam de modo que algo que foi pesquisado ou descoberto por cientistas do sexo feminino é atribuído a um colega homem. Ironicamente, o nome é derivado de Efeito Matthew, termo criado para explicar o favorecimento de um pesquisador mais conhecido em detrimento de um colega menos conhecido mas também do sexo masculino, e assim batizado por causa de uma passagem bíblica do Evangelho de São Mateus: "Porque a todo aquele que tem será dado, e terá em abundância; mas daquele que não tem, até o que tem será tirado" (Mateus, 25,29).

Na ciência, existem muitos casos de autorias contestadas pelo favorecimento de um cientista famoso em prol de outro com menos proeminência. Foi assim no caso de Charles Darwin e seu grande colaborador Alfred Wallace. Este fez a mesma pesquisa na teoria da evolução que Darwin, mas este obteve o mais alto reconhecimento, publicações renomadas e menções, enquanto poucas pessoas conhecem Wallace.[30] Persiste até hoje a controvérsia sobre a adequação de Darwin ter um reconhecimento tão superior ao dado para Wallace, até mesmo por algumas pessoas acreditarem que ele pode ter tirado proveito da correspondência com Wallace para publicar seus achados antes do colaborador. Se Wallace tivesse o status de pesquisa de Darwin naquela época, é possível que a teoria da evolução fosse chamada "wallacenismo" e não "darwinismo"... O Efeito Matthew, nesse caso, favorece Darwin, pesquisador mais conhecido em seu tempo, e ofusca o trabalho de Wallace, que recebia menos holofotes mesmo naquela época.

Se isso acontece entre cientistas homens, então podemos esperar que existam algumas histórias que envolvam cientistas mulheres. E existem... Desde Mileva Marić, primeira esposa de Albert Einstein, que foi sua colega na universidade e supostamente contribuía com seus estudos, até a economista norte-americana Janet Yellen, que, embora tenha sido presidenta do Federal Reserve Board e, no governo Biden, seja a Secretária do Tesouro — a primeira mulher a assumir esse cargo —, muitas vezes é chamada de "a esposa de George Akerlof", que recebeu o prêmio Nobel de Economia em 2001. Nesse caso, carreiras com princípio acadêmico idêntico levaram cada membro do casal para fins diferentes. Um não menor em importância do que o outro.

O obscurescimento do trabalho feito por mulheres, entretanto, é muitas vezes bem mais grave do que o caso de Yellen e Akerlof. Inúmeras cientistas mulheres foram esquecidas nas referências de coautoria e entraram nas listas de agradecimentos de artigos. Muitas mulheres contribuem com ideias em projetos dentro das empresas, mas a lembrança é mais da "paternidade" da ideia do que de sua "maternidade".

Então, quando questionamos as cores adequadas ou não para as crianças vestirem, quando falamos sobre incentivar as meninas para as carreiras de ciências ou quando lutamos para que as mulheres tenham a mesma visibilidade que os homens na imprensa, na política ou na academia, não se trata de desmerecer o trabalho dos homens ou acreditar que não existam diferenças entre os gêneros. Quando falamos em "igualdade de gênero" ou, como é mais frequente atualmente, "equidade de gênero", estamos falando em oportunidades iguais para homens e mulheres. Oportunidades que permitam que pessoas diferentes consigam ter a perspectiva de chegar a todos os lugares, assumir diferentes profissões e desenvolver seu potencial pleno à parte de qualquer preconceito ou estereótipo.

O fato de ser mulher não deveria impedir uma menina de escolher uma profissão dentro das engenharias, por exemplo. Obviamente não existem barreiras visíveis a essa escolha, mas há muitas barreiras, tanto transparentes quando intransponíveis, em muitos casos. Quantas vezes uma mulher já escutou que "dirige bem, para uma mulher" ou "sabe bastante matemática, para uma mulher" ou é bastante competente "para uma mulher" em qualquer área? Quantas meninas tiveram a possibilidade de brincar de carrinho, desmontar peças de máquinas ou montar pequenos laboratórios para perceberem que podem gostar e quererem trabalhar com engenharia, ciências e outros campos até hoje com pouca presença de mulheres? Marianne Ferber, uma das mais célebres economistas feministas, foi presidenta da International Association for Feminist Economics (Iaffe), tem ph.D. pela Universidade de Chicago e foi professora da Universidade de Illinois em Urbana-Champaign (Uiuc) por toda a sua carreira. Marianne conta — em uma de muitas entrevistas que concedeu — que era tratada de forma diferente durante seu doutorado e que um professor até mesmo afirmou que ela era "boa, para uma mulher", quando tudo o que ela queria era ser comparada com seus colegas em geral, não só com as poucas mulheres que estudavam em um departamento composto unicamente por professores homens. Como o marido de Marianne, Robert Ferber, também economista e ph.D. pela Universidade de Chicago, foi contratado pela Universidade de Illinois em 1948 e atuava no Departamento de Economia, ela não podia ser professora de carreira dentro do mesmo departamento, devido a uma regra antinepotismo da própria universidade. Então, semestre após semestre, Marianne era contratada como professora substituta (temporária). Foi apenas em 1971 que ela conseguiu ser efetivada como professora assistente. O fato interessante é que sua contratação só aconteceu por insistência da esposa de um colega de departamento de Robert, professora no Departamento de Sociologia. Marianne Ferber faleceu em 2013, ocupando finalmente o cargo de professora emérita do Departamento de Economia da Universidade de Illinois.

Embora a história dela pareça muito distante da nossa realidade atual, é na verdade bastante próxima. As barreiras que as mulheres enfrentam hoje são muito menores do que as que enfrentavam em 1948. Mas ainda existem. A ideia de equidade de gênero e de igualdade de oportunidades ainda é um conceito bastante abstrato e distante. Comparativamente à presença de homens, temos poucas diretoras de empresas, poucas políticas, poucas presidentas, embora as mulheres sejam a maioria nos bancos universitários em nosso país.

É improvável que biologicamente sejamos programadas para preferir uma profissão que pague menos ou que tenha menor perspectiva de crescimento profissional, da mesma forma que não parece ser inerente às meninas e mulheres preferirem rosa ao azul... Mas enquanto mulheres e homens não forem considerados "iguais" em suas capacidades produtivas, ainda reservaremos espaços "para elas" e "para eles". Essa segregação dentro e fora da esfera do trabalho só resulta em mais estereótipos, permanência das diferenças na remuneração (sim, elas existem...) e na desigualdade de oportunidades entre os gêneros.

Quando o movimento feminista busca visibilizar mulheres que historicamente foram apagadas, gera-se um efeito cascata que permite que meninas e jovens vejam possibilidades de exercerem papéis que antes não pareciam factíveis. Entretanto, se a fala que parece preponderante é a marcação de diferenças biológicas, desfazem-se tanto a identificação quanto a projeção de que elas seriam capazes de chegar aos mesmos lugares que seus colegas do gênero masculino hoje chegam. O enfrentamento dos efeitos da segregação ocupacional no espaço social é a base para que tenhamos uma sociedade que permita e incentive todos — independentemente de gênero, cor ou quaisquer características de marcação de grupo — a serem quem quiserem e estarem onde desejarem.

Marianne Ferber e tantas outras mulheres e economistas gastaram muitos anos a mais do que seus colegas homens para chegar profissionalmente ao mesmo lugar. Na segunda metade do século passado, elas já não consideravam essa desproporcionalidade de condições justa. Por que nós a aceitaríamos?

2. Iguais e diferentes: Uma história sobre discriminação

Você já esteve na posição de contratar uma pessoa para algum trabalho? Se alguém lhe perguntasse o que você procurava nessa situação, possivelmente você responderia que gostaria de alguém que fosse competente para fazer as tarefas necessárias e, se possível, uma pessoa agradável de conviver. Entretanto, essa segunda característica é dita como secundária ou complementar à mais importante: competência. Então podemos partir do princípio de que a intenção — racional — nas escolhas de recrutamento seja pela pessoa mais competente, eficiente e adequada ao cargo. Em economia, chamamos isso de "pessoa com maior produtividade".

Porém, diversas evidências apontam para uma realidade bem diferente da que chamamos de "racional". Cecilia Rouse — ph.D. em economia por Harvard e, desde 2021, presidenta do Conselho Econômico do governo de Joe Biden — e Claudia Goldin — professora de Harvard e prêmio Nobel de Economia em 2023 — publicaram um estudo muito interessante sobre recrutamento de musicistas para orquestras.[1] É inegável que as orquestras precisam dos melhores musicistas possíveis e que os recrutadores tentam ao máximo escolher as pessoas com a maior habilidade no instrumento que tocam. Entretanto, as economistas encontraram evidências bastante fortes de que por muitas décadas o recrutamento não foi feito assim...

Nos Estados Unidos, até as décadas de 1970 e 1980, os diretores das orquestras exerciam um poder de que não necessariamente se davam conta. Ao recrutar novos musicistas, eles entravam em contato com escolas reconhecidas e recebiam indicações para as audições. Cerca de vinte pessoas participavam de cada uma delas. Mas algumas orquestras começaram a questionar o processo em si — a Orquestra Sinfônica de Boston foi a primeira, ainda na década de 1950 — e passaram tanto a divulgar mais amplamente o processo seletivo como a fazer as audições com "cortinas fechadas", ou seja, às cegas. Supostamente não teria diferença alguma se essas pessoas tocassem seus instrumentos com cortinas abertas ou não, afinal a qualidade da música não depende da forma como a cortina está colocada... Entretanto, as pesquisadoras descobriram que, com cortinas fechadas, a probabilidade de musicistas do sexo feminino passarem para uma segunda rodada do processo seletivo aumentava em até 50%. Também constataram que em grande parte o aumento da quantidade de mulheres em orquestras se deve às audições às cegas.

Esse estudo exemplifica que, embora as intenções em geral sejam excelentes e o objetivo do recrutamento de novas pessoas para trabalhar seja intencionalmente a qualidade e a habilidade dos candidatos, existem algumas características — de candidatos e recrutadores — que afetam a avaliação. Ao buscar "as escolas mais reconhecidas", os recrutadores das orquestras já partiam da certeza de que os melhores músicos estariam nessas escolas. Para isso, contudo, precisaríamos supor que o sistema de recrutamento das escolas não tinha nenhuma falha e que seriam aprovados os estudantes com maior potencial. No entanto, todos os processos seletivos têm falhas, pontos cegos e vieses. Isso porque nós, os seres humanos que temos controle sobre esses processos seletivos, também temos vieses, preconceitos e comportamentos discriminatórios em diversas situações. Quando se trata do mundo do trabalho, não nos darmos conta disso faz com que grupos de indivíduos — mulheres e pessoas negras, só para citar dois deles — sejam prejudicados.

Pensando em processos seletivos, temos diversos dados que confirmam algum tipo de viés discriminatório, mesmo que na maioria das vezes isso não seja intencional. Segundo dados do Instituto de Pesquisa Econômica Aplicada (Ipea), embora 50,3% dos estudantes do curso de direito sejam pessoas negras,[2] em outra pesquisa realizada em 2018 pelo Centro de Estudos das Relações de Trabalho e Desigualdades (Ceert) em conjunto com a Aliança Jurídica pela Equidade Racial e a Fundação Getúlio Vargas (FGV), constatou-se que somente 2% dos advogados dos escritórios que faziam parte da Aliança Jurídica pela Equidade Racial* eram negros.[3] Mesmo descontando o fato de que a demografia racial ainda está em processo de mudança para a inclusão de mais pessoas negras no ensino superior, os percentuais diferem

---

* A Aliança Jurídica pela Equidade Racial é um movimento de grandes escritórios de advocacia que buscam, de forma organizada e coordenada, combater o racismo estrutural e propiciar condições de equidade racial em seus ambientes de trabalho. À época da pesquisa mencionada, faziam parte desse movimento os escritórios de advocacia Pinheiro Neto, Mattos Filho, TozziniFreire, BMA – Barbosa Müssnich Aragão, Machado Meyer, Veirano, Lefosse, Demarest e Trench Rossi Watanabe.

muito e parecem indicar que algo impede o recrutamento livre do viés racial.

Parte desse "algo" é o que chamamos de vieses inconscientes. Em 2016, trabalhei com a equipe da ONU Mulheres, da consultoria PwC e do Movimento Mulher 360 na construção de uma oficina de vieses inconscientes. A partir dessa oficina, montamos um *Guia de vieses inconscientes*,[4] que serviu de base para muitos treinamentos em empresas. Dos cinco vieses que ressaltamos nessa oficina, três são especialmente ativos em processos de recrutamento e acabam resultando na diminuição da probabilidade de que pessoas que pertençam a grupos minorizados* sejam contratadas: viés de afinidade ou identificação, viés de percepção e viés confirmatório.

O viés de afinidade/identificação nos fala sobre inconscientemente** avaliarmos de forma mais positiva pessoas que se pareçam conosco. Pessoas que cursaram a mesma faculdade que cursamos já têm alguma vantagem. Pessoas que torcem para o mesmo time de futebol que torcemos parecem mais interessantes do que aquelas que torcem para o time adversário. Pessoas que se parecem fisicamente conosco nos soam mais

---

* Utilizamos a nomenclatura "minorizados" porque esses grupos não necessariamente representam uma minoria em termos quantitativos. Quando falamos em pessoas negras no Brasil, por exemplo, elas são a maioria da população.
** Embora usemos o termo "inconsciente" muitas vezes neste capítulo, nem todos os processos discriminatórios são inconscientes. Muitas vezes fazemos escolhas conscientes ao preterir pessoas de um grupo minorizado em favor de outras de um grupo dominante. Nos darmos conta de que agimos influenciados por fatores inconscientes é apenas parte do trabalho de autoconhecimento. A outra parte é trabalharmos nossa consciência para fazermos escolhas realmente não discriminatórias e que permitam a igualdade nas condições de contratação de todos os grupos.

competentes. Em um estudo publicado em 2005,[5] recrutadores brancos favoreciam pessoas da mesma cor/ raça que a sua tanto nas avaliações de entrevista quanto nas propostas para trabalho. E esse viés não funciona somente em contratações. Outro estudo observa que analistas financeiros preveem melhor performance para empresas nas quais o presidente tem personalidade mais parecida com a dos próprios analistas![6] Ou seja, embora recrutadores queiram contratar a melhor pessoa para a vaga e analistas tenham por objetivo fazer uma projeção mais fidedigna possível do resultado financeiro das empresas avaliadas, eles são enganados pelas próprias percepções inconscientes.

Mas vamos dar um passo atrás e entender o que são essas percepções. Podemos começar pensando em dois sistemas que regem nosso cérebro: sistema 1 e sistema 2.* O sistema 1 é importante para que possamos tomar decisões imediatas, por isso é chamado de sistema rápido. É ele que nos impede abruptamente de atravessar a rua quando surge um automóvel em alta velocidade que não tínhamos percebido antes. É ele que faz o piloto de um avião cancelar o pouso da aeronave quando visualiza algo imprevisto na pista. E é ele que se apodera de nossa consciência quando não nos damos conta de que estamos preferindo uma pessoa em relação a outra só porque a primeira se parece conosco...

---

* O *Guia de vieses inconscientes* citado anteriormente faz uma descrição mais detalhada desses processos. Outra referência interessante, embora mais longa, é o livro *Rápido e devagar*, do Nobel de Economia Daniel Kahneman. Ele descreve estudos que conduziu nas áreas de economia e psicologia, muitos junto com Amos Tversky, falecido antes da concessão do Nobel ao trabalho deles.

O sistema 2 é o analítico. Ele é utilizado para raciocinar, fazer operações matemáticas e, basicamente, refletir. Não à toa ele é chamado de "sistema lento". Por ter a necessidade de acessar mais informações e trabalhar com elas, esse sistema evita que usemos preconceitos e percepções inconscientes ao tomarmos uma decisão. Entretanto, vamos lembrar: ele funciona mais devagar do que o sistema 1. Por isso, mais vezes do que gostaríamos de admitir, tomamos decisões que julgamos serem altamente racionais, mas estamos nos baseando em estereótipos e preconceitos. Isso ocorre quando o sistema 2 está tentando funcionar mas o sistema 1, apressado, faz nossa cognição acreditar que já raciocinou o suficiente e pode tomar uma decisão "imparcial".

Quando o viés de identificação funciona, é o sistema 1 nos dizendo que quem se parece mais conosco é mais confiável, mais eficiente e possivelmente a melhor pessoa para o trabalho que desejamos que seja feito. Entretanto, nem todas as pessoas parecidas conosco são adequadas para todos os trabalhos. Se nossas empresas têm mais líderes homens do que mulheres e o viés de identificação é muito atuante, temos escolhas de candidatos homens em maior número do que mulheres pela afinidade pessoal e não necessariamente pela competência. Vamos lembrar do início do capítulo: se o mais importante é a competência e não a agradabilidade em trabalhar com alguém, parece que o viés de identificação pode nos colocar em apuros.

Em um artigo que publiquei em 2011,[7] usei dados de empresas que atuavam no Brasil para entender a forma como elas escolhiam seus presidentes (os *chief executive officers*, ou CEOS). Das 363 empresas analisadas, somente 29 tinham uma mulher atuando como CEO na época da coleta dos dados da pesquisa, em 2007, ou 8% do total. Usei diversas estratégias para a análise e busquei explicações variadas para esse resultado. Seriam as mulheres muito mais jovens do que os homens e por isso não teriam atingido o tempo de carreira necessário para atuarem como presidentas? Será que minha amostra continha mulheres que haviam estudado menos do que os homens? Ou talvez fosse porque elas estavam havia menos tempo nas empresas, então não teriam tido "tempo" para serem promovidas? Nenhum desses fatores parecia ter grande importância nos resultados. Quando analisei os dados de mulheres e homens presidentes de empresa, não consegui encontrar diferença estatisticamente significante em nenhuma dessas variáveis.* Entretanto, uma variável era a mais relevante para explicar o motivo pelo qual tão poucas mulheres eram CEOs em suas empresas: a presença de um conselho de administração.

O conselho de administração de uma empresa é o órgão máximo da decisão. As pessoas que o compõem têm responsabilidade sobre normas, definição de estratégias e orientações que devem ser seguidas por todos, inclusive o/a CEO, e é também o responsável por escolher quem ocupará esse cargo. E é aí que o viés de identificação parece estar atuando.

---

* Talvez você esteja se perguntando: mas e a população em geral? Poderíamos ter menos mulheres como presidentas de empresa porque, na média, as mulheres que atuam no mercado de trabalho têm essas características piores do que os homens na mesma situação. Infelizmente essa também não é a resposta. Nos estudos que utilizam dados de homens e mulheres no mercado de trabalho do Brasil, as mulheres têm, em média, características mais valorizadas do que as dos homens, e mesmo assim recebem salários menores. Vamos falar mais sobre isso ainda neste capítulo.

De acordo com dados da Deloitte, em 2014 (três anos após esse estudo ser publicado) só 6,3% das vagas dos conselhos de administração no Brasil eram ocupadas por mulheres.[8] Em 2021, esse percentual subiu para 10,4%. Ou seja, no passado e no presente, os conselhos de administração são compostos em sua maioria por homens. É possível que a identificação desses conselheiros com candidatos do gênero masculino para a vaga de CEO afete indireta e inconscientemente suas escolhas e, dessa forma, as mulheres permanecem como minoria na liderança das empresas.

É importante ressaltar que pesquisas posteriores mostram que os conselheiros de empresas são predominantemente brancos, então, para além de uma questão de desigualdade de gênero, esse também é um marcador relevante. De acordo com dados da organização civil Conselheira 101,[9] no início de 2021, considerando todos os conselhos de administração de empresas de capital aberto no Brasil, havia somente duas conselheiras negras. Inexistem informações mais detalhadas sobre a demografia racial dos conselhos em nosso país, o que por si só já demonstra a baixa preocupação com o tema. De acordo com o Instituto Brasileiro de Governança Corporativa (IBGC), ainda são minoria as empresas no país que se preocupam com a diversidade racial em conselhos de administração. A baixa presença tanto de mulheres quanto de pessoas não brancas em conselhos de administração demonstra que o viés de identificação pode estar influenciando fortemente a baixa diversidade nesse nível empresarial.

Ao mesmo tempo, o segundo viés, o de percepção, aparece de forma quase invisível nessas questões. Inconscientemente, temos preconceitos e estereótipos a respeito das pessoas. O viés de percepção entra em cena quando nos baseamos nesses preconceitos, e não em dados ou informações, para tomarmos nossas decisões. Um estudo de cinco pesquisadores da Universidade Yale[10] mostrou que o estereótipo negativo a respeito de mulheres nas ciências prejudica candidatas mulheres e favorece candidatos homens.

Essa pesquisa começava com o envio de um currículo de um(a) estudante para 127 professores de universidades com foco em pesquisa acadêmica. Juntamente com o currículo, era solicitada a opinião a respeito desse(a) estudante que estaria se candidatando a uma vaga para gerente de um laboratório de ciências. Randomicamente, os professores recebiam o currículo com o nome de uma mulher ou de um homem. O resultado desse experimento foi que os professores (homens e mulheres, de diversas idades e perfis) avaliaram, na média, o currículo do candidato masculino como mais competente e competitivo profissionalmente do que o currículo da candidata mulher. Entretanto, as informações dos currículos eram exatamente iguais.

Ou seja, com currículos idênticos — algo extremamente raro de acontecer na vida real —, candidatos do gênero masculino têm vantagens na avaliação com relação a candidatas do gênero feminino. E o experimento não terminava aí: quando perguntados a respeito do salário que deveriam oferecer a essa pessoa, caso a contratassem, as respostas deixavam a candidata mulher recebendo 12% a menos do que o candidato homem.

Esse é um exemplo de viés de percepção: embora as informações a respeito da pessoa se candidatando à vaga fossem as mesmas em ambos os currículos, o fato de ter um nome masculino ou feminino fazia com que os avaliadores favorecessem — possivelmente de forma inconsciente — aquele que condizia com o estereótipo de alguém que ocupa a vaga de gerente de laboratório: um homem.

Na vida real é muito difícil testar o viés de percepção porque os currículos recebidos nas empresas contêm informações diferentes (formação, idade, experiências de vida). Experimentos acadêmicos, porém, são importantes para nos mostrar que nosso cérebro, mesmo quando muito bem-intencionado, toma alguns atalhos de raciocínio que acabam por reforçar a situação de status quo e impedem que uma maior diversidade seja inserida em nossas vidas de forma natural. É por isso que programas de diversidade em empresas e escolas são tão bem-vindos. Ainda precisamos de alguns incentivos adicionais para que possamos fazer o sistema 2 de nosso cérebro ter uma voz mais forte e bloquear os instintos do sistema 1 quando este está funcionando rápido demais.

O terceiro ponto que atrapalha a contratação de grupos minorizados é o viés confirmatório. Vamos lembrar que esse viés — tanto quanto os anteriores — não é necessariamente intencional. Quando avaliamos uma pessoa ou situação, implicitamente temos algumas hipóteses iniciais. É mais fácil e intuitivo acreditarmos em informações que comprovem essas hipóteses iniciais do que naquelas que as neguem. Esse é o viés confirmatório.

Imagine que você acredite que as mulheres faltem mais ao trabalho do que os homens porque elas têm filhos e maiores responsabilidades com a família do que eles. Você convive com muitas mulheres e lembra facilmente de uma que tenha pedido demissão para cuidar dos filhos. Então, trabalhando com homens e mulheres, quando uma mulher falta ao trabalho, você percebe de forma mais evidente essa falta e reforça aquilo em que já acreditava antes. É bem provável que quando um colega homem falte ao trabalho você nem perceba... Ao longo do tempo, você contabilizou — inconscientemente — o número de faltas das colegas mulheres e não contabilizou as faltas dos homens. E reforçou sua ideia inicial de que mulheres se ausentam mais do trabalho do que os homens.*

Muitas vezes a questão da responsabilidade familiar e a própria licença-maternidade são utilizadas como argumento para preterir as mulheres em relação aos candidatos homens. Ao falarmos da contratação de pessoas negras, regularmente utiliza-se o argumento de que elas são menos escolarizadas ou não são preparadas para os cargos que estão em aberto. Mas será que essas justificativas são realmente adequadas? Ou são nossos vieses que trabalham para reforçar ideias preconcebidas a respeito de grupos desprivilegiados no mercado de trabalho? Algumas empresas já operam com recrutamento focado em grupos específicos. Um caso emblemático foi o Magazine Luiza, que em 2020 optou por um recrutamento exclusivo de pessoas negras para o programa de trainees. Embora a empresa tenha sido alvo de muitas críticas, no início do ano seguinte seu CEO, Frederico Trajano, concedeu uma entrevista[11] contando sobre uma dificuldade inédita para a escolha dos finalistas. Não porque faltavam pessoas capaci-

---

* No próximo capítulo, apresentaremos dados sobre a realidade do absenteísmo de homens e mulheres no Brasil e veremos que não existe uma diferença significativa nas faltas que seja relacionada ao gênero dos trabalhadores.

tadas para as vagas: era justamente o contrário. Os finalistas tinham "talento incrível, capacidade de expressão verbal fantástica, história de vida de superação", mas estavam de modo geral desempregados ou em cargos muito aquém de suas potencialidades.

Se por um lado o motivo pelo qual existe discriminação no mercado de trabalho são vieses inconscientes, por outro tomamos algumas decisões de forma bastante consciente de nossos vieses e eles mesmos fazem parte da nossa argumentação. O uso de informações enviesadas — para não dizer incorretas — a respeito da baixa disponibilidade de pessoas preparadas para uma vaga, como vimos pela experiência do recrutamento de trainees no Magazine Luiza, é um desses casos. Nossos vieses e a percepção de que poucas pessoas negras transitam nos ambientes acadêmicos preferidos dos recrutadores fazem com que tenhamos a impressão — novamente incorreta — de que não temos pessoas aptas e disponíveis para cargos mais elevados. Uma busca focada e preocupada em garantir a participação de todos os grupos de pessoas nas empresas é capaz de trabalhar na eliminação desses vieses.

E, para uma busca ser inclusiva, não basta que a empresa tenha o interesse de que pessoas pertencentes aos grupos minorizados participem do processo seletivo. É necessário um planejamento mais cuidadoso, até na forma como a vaga é apresentada ao mercado.

Em um estudo[12] conduzido por pesquisadores dos Estados Unidos e do Canadá na área de psicologia foi possível constatar que o uso de linguagem ou de expressões com estereótipos de gênero resulta em menos candidaturas por parte das mulheres. Na língua portuguesa, o próprio uso da norma culta, pela qual o masculino é usado também para abranger ambos os gêneros — o papelzinho que o laboratório entrega a qualquer um que solicite orientações para um exame de sangue pode dizer "O paciente deverá estar em jejum para realizar a coleta"; damos "Bom-dia a todos" para uma plateia mista, mesmo que sejam vinte mulheres e um único homem... —, faz com que a candidatura de mulheres a algumas vagas de trabalho seja reduzida. Como ainda não temos uma regulação da linguagem neutra em nosso país — temos, na verdade, uma portaria da Secretaria da Cultura *impedindo* a linguagem neutra em certos projetos! —,[13] a solução é flexionarmos as descrições de vagas para ambos os gêneros e incentivarmos, dessa forma, que homens e mulheres se candidatem às mesmas vagas. Por exemplo, em vez de procurarmos "engenheiros" para uma vaga em construtora, podemos procurar "engenheiros e engenheiras". Pode parecer que isso não faria diferença alguma na propensão de mulheres a enviarem currículos, mas o uso da flexão de gênero para a descrição de vagas tem o impacto de aumentar a candidatura de mulheres e pessoas negras para vagas disponíveis.[14] De acordo com a pesquisa "Mulheres na liderança" conduzida pelo grupo Will e Ipsos, em 2019, 46% das empresas investiam em linguagem inclusiva* no anúncio de vagas de emprego. Em 2021, pensando no impacto na diversidade do recrutamento, 72% o faziam.

---

* Existe diferença entre "linguagem inclusiva" e "linguagem neutra". A linguagem inclusiva é a flexão para os dois gêneros na descrição de um cargo, por exemplo, "candidatos e candidatas". A linguagem neutra extrapola a definição de sexos usando "e" no lugar dos marcadores de gênero, por exemplo "candidate" para abranger todas as pessoas.

Além dessa iniciativa, empresas preocupadas com a diversidade orientam suas contratações para a busca ativa de candidatos de ambos os sexos — algumas têm como regra para todas as vagas disponíveis ter candidatos homens e mulheres — ou painéis de seleção que tenham avaliadores de ambos os sexos nas entrevistas — o que diminui o viés de identificação para um só tipo de candidatura[15] e permite que todas as pessoas consigam se imaginar na vaga.

Passado o processo de contratação, as pessoas entram em um determinado cargo em uma empresa e, ao longo do tempo, são promovidas para outras posições. Em grande parte das corporações, a "porta de entrada" ou nível hierárquico de acesso é distribuída de forma mais ou menos igualitária entre homens e mulheres. Utilizando os dados da pesquisa do BID "Raça e gênero nas grandes empresas", já citado no capítulo anterior, 41% dos colaboradores de grandes empresas no Brasil são mulheres. Olhando a distribuição hierárquica dentro dessas empresas, as mulheres são 40% do nível denominado "núcleo" — a base da pirâmide hierárquica, exceto o cargo de aprendizes (que inclui menores de idade) —, 52% dos cargos de supervisão e 41,72% dos cargos de gerência. Ou seja, parece haver uma progressão de carreira condizente com a participação das mulheres nessas grandes empresas. Entretanto, quando olhamos cargos de diretoria, o percentual feminino cai para 26,5%. E, se dividirmos por cor/raça, os números nos contam uma história ainda mais complicada de entender sem admitir algum tipo de discriminação: enquanto 61,6% dos cargos de diretoria são ocupados por homens brancos e 21,57% por mulheres brancas, somente 11,93% deles são ocupados por homens negros e ínfimos 4,9% por mulheres negras.

Mas o que será que acontece dentro das empresas para que mulheres, pessoas negras e outros grupos minorizados não tenham o mesmo padrão de ascensão que homens brancos têm?

Sem dúvida, parte dos vieses que discutimos anteriormente continua atuando. O viés de percepção pode estar contribuindo para não deixar o trabalho de mulheres ser observado da mesma forma que o trabalho de homens. O mesmo para pessoas negras.

Em um estudo publicado em 2006,[16] duas professoras de diferentes departamentos de psicologia de Nova York, Karen Lyness e Madeline Heilman, mostraram que as avaliações de performance e as promoções continham vieses de gênero. Com base nos dados de uma grande empresa multinacional, as professoras analisaram 489 casos avaliados para promoção. Elas tinham algumas hipóteses que acabaram se confirmando.

A primeira delas é que existe um perfil esperado para cada tipo de trabalho e que algumas características femininas interferem na avaliação de performance dentro do perfil. Karen e Madeline avaliaram as promoções a gerente entre cargos da "linha de frente" (*line jobs*) e cargos operacionais (*staff jobs*). De acordo com o estereótipo, as posições de linha de frente seriam mais masculinas que as operacionais. Por mais masculinas entendia-se que precisavam de mais força, determinação e, talvez, coragem — características atribuídas mais facilmente a homens. Então, quando uma mulher era avaliada para promoção a um cargo com o qual seu estereótipo não condizia, ela era mais mal avaliada do que seu colega homem.

A segunda hipótese era a de que mulheres promovidas tinham avaliações de performance anteriores à promoção muito superiores às dos homens promovidos para os mesmos cargos. Essa é uma realidade constatada em muitas empresas também no Brasil. Como a promoção de mulheres para cargos mais elevados é menos frequente, aquelas que são promovidas não podem ser exatamente tão boas quanto seus colegas: precisam ser extraordinárias. Nenhum problema em promover pessoas excelentes, mas é muito problemático quando de um determinado grupo é cobrada uma excelência fora do normal para a promoção e do outro, apenas o desempenho-padrão.

Por fim, a terceira e última hipótese testada e comprovada pelas professoras é de que as avaliações de performance são mais determinantes para a promoção de mulheres do que para a de homens. Ou seja, um homem pode ser promovido pelo potencial percebido nele, mas para uma mulher não basta o potencial: ela somente ascenderá quando provar que consegue cumprir ainda mais do que o necessário para ocupar a vaga. Isso faz com que elas tanto levem mais tempo para ser promovidas — embora igualmente prontas para avançar quando comparadas a seus colegas — como tenham menores chances para tentar mostrar suas habilidades potenciais.

Se utilizarmos a linguagem dos vieses inconscientes, a primeira hipótese mostra que o viés de percepção é muito forte nas avaliações de performance. Já o viés confirmatório atua mais quando pensamos nas duas últimas hipóteses. A percepção de que as mulheres, de acordo com nossas regras sociais e estereótipos, são pessoas mais fracas ou com menor assertividade faz com que deixemos de considerar características possivelmente visíveis em seus trabalhos e as avaliemos de acordo com o que esperamos delas. Já o viés confirmatório faz com que seja necessário que as mulheres realmente provem suas habilidades antes da promoção — o que não seria um problema se o mesmo requisito fosse utilizado também para a promoção dos homens.

Olhando para carreiras acadêmicas, o resultado é muito similar. Diversos estudos apontam que as professoras mulheres são mais mal avaliadas do que os colegas homens, em especial em cursos considerados muito masculinos. Em um estudo publicado em 2021 na *American Economic Association Papers and Proceedings*,[17] as autoras comparam a avaliação subjetiva de diretores de escolas primárias e de docentes (homens e mulheres) em Gana com as avalições objetivas (resultado do aprendizado de alunos e alunas). Elas descobriram que os diretores (na grande maioria, homens) avaliam pior as professoras mulheres do que os professores homens. Entretanto, ao analisar as avaliações objetivas, as mulheres são mais efetivas em ensinar as crianças.

No Brasil, Fabiana Rocha, Paula Pereda, Liz Matsunaga, Maria Dolores Diaz, Renata Narita e Bruna Borges, professoras e alunas do Departamento de Economia da USP, conduziram um estudo sobre a progressão de economistas mulheres na carreira acadêmica em instituições de ensino superior e pós-graduação no Brasil.[18] Somando-se as 33 instituições analisadas, as mulheres representam 26,8% dos docentes contratados em regime permanente.* Elas são 30,5% dos professores

---

* Professores podem ser contratados, generalizando, em regime permanente ou temporário. Os cargos temporários são o que algumas universidades denominam "professores substitutos", usualmente, alunos que não finalizaram a pós-graduação ou professores horistas. Os cargos permanentes nas instituições analisadas nesse artigo em geral envolvem

assistentes (cargo de entrada na carreira acadêmica), 24,6% dos professores associados e apenas 20,8% dos professores titulares (o topo da carreira).

Um fator relevante para a carreira acadêmica é o apoio financeiro para pesquisa. No Brasil, um dos grandes financiadores de pesquisa é o Conselho Nacional de Desenvolvimento Científico e Tecnológico (conhecido pela sigla que não remete exatamente às suas iniciais: CNPq. Existem diversas linhas de fomento, mas uma das mais prestigiadas é a bolsa de produtividade de pesquisa. Anualmente, o CNPq abre uma chamada para os pesquisadores se inscreverem individualmente — não são as instituições de pesquisa que participam do processo. Uma avaliação por pares analisa a produção científica, a capacidade para formações de novos pesquisadores e de liderança de equipes de pesquisa, além da apresentação de um projeto de pesquisa a ser desenvolvido durante a concessão da bolsa. Essa bolsa é importante não somente por seu valor de suporte financeiro, mas também porque sinaliza a qualidade da pesquisa de quem por ela é beneficiado. Os dados do CNPq sobre a concessão desse tipo de bolsa mostram que, entre 2005 e 2023, 271 902 benefícios foram concedidos. Desses, somente 35,05% foram para mulheres. E ainda mais relevante: a concessão dos benefícios segue uma divisão por níveis hierárquicos, sendo que a bolsa do nível 1A é a mais prestigiosa. No mesmo período, 75,29% das bolsas de produtividade 1A foram para homens. Somente 24,71% para mulheres.[19]

---

alguma carga de pesquisa acadêmica além da carga natural de ensino. Nas instituições acadêmicas, empregos ligados a pesquisa geralmente têm um status superior — tanto em remuneração como em possibilidades de promoção — aos empregos ligados de modo exclusivo ao ensino.

Em dezembro de 2023, circulou a notícia de uma pesquisadora da Universidade Federal do ABC que recebeu o parecer negativo com relação ao seu pedido de bolsa de produtividade de pesquisa sob a alegação de que, apesar de ter uma carreira considerada sólida, faltava-lhe a experiência de um pós-doutorado (algo desnecessário para a concessão da bolsa) e que era provável que suas gestações tivessem interferido em suas potenciais iniciativas de aprimoramento profissional.[20] Em uma resposta rápida, menos de um mês após a divulgação desse fato, o próprio CNPq instituiu uma ampliação do período de análise de produtividade de pesquisa para pesquisadoras mães: dois anos por parto ou adoção. Além disso, também criou um grupo de trabalho que redigirá um código de ética para reger os comitês assessores que dão parecer em casos como o dessa pesquisadora.

Na carreira acadêmica ou nos empregos do mercado de trabalho em geral, é possível percebermos um efeito negativo na progressão profissional para mulheres. Parte desse efeito pode ser ocasionada pela presença de filhos — como no exemplo acima; um aspecto que discutiremos em um capítulo a respeito da economia do cuidado —, mas parte é consequência da subjetividade inerente às avaliações.

Avaliações de performance são sujeitas aos vieses dos avaliadores. Sabemos que as mulheres recebem um número maior de feedbacks relacionados a suas características de personalidade (tranquila, nervosa, ansiosa, agitada etc.) do que a seu desempenho no trabalho (cumpriu metas, desempenho superou as expectativas etc.). Em um estudo publicado em 2020 na revista *American Sociological Review*,[21] as autoras mostram que as avaliações de performance são sujeitas à maneira como esperamos que homens e mulheres se comportem. Quando uma mulher ocupa o lugar de liderança, o contraste do estereótipo de gênero de uma pessoa calma, tranquila e pouco ameaçadora é confrontado com uma posição de poder que soa muito agressiva e rígida. Na média, as mulheres são consideradas mais agressivas na comunicação do que os homens, com necessidade de adequar seus comportamentos não técnicos e com uma penalidade no quesito "simpatia".

Como evidência anedótica, posso compartilhar uma história pessoal. Durante meus anos como professora universitária, passei por inúmeras avaliações por parte dos alunos e alunas. A maioria dos comentários foi extremamente elogiosa — agradeço a quem tomou seu tempo para escrevê-los. Entretanto, comentários bastante críticos ainda estão na minha memória. Lembro claramente de um que dizia "A professora é grossa". Eu sou uma pessoa bastante sensível às palavras e, ao ler essa avaliação, resolvi conversar com a turma — eu não tinha acesso à identificação da pessoa que havia escrito aquilo — perguntando exemplos de situações em que eu havia sido grossa. Confesso que acreditei, em certo momento, que meu sotaque do Sul do país ou a forma como eu brincava durante as aulas poderia ter passado a impressão de que eu era "grossa". A turma não soube trazer exemplos e diversas pessoas falaram que não fazia sentido eu levar tão a sério esse comentário. No final daquela aula, um aluno me procurou e disse que, embora não fosse a pessoa que havia escrito o comentário, ele achava que entendia. Determinada a compreender o que eu estava fazendo de errado, pedi que ele me explicasse. Ao que ele respondeu: "Professora, mulheres inteligentes soam como grossas... A senhora dá uma aula com muita matemática, é bastante esperta, então, naturalmente, parece grossa". E foi nesse ponto que entendi na prática que romper com o estereótipo tem penalidades que mais cedo ou mais tarde chegam para nós, mulheres...

A mais visível é a da remuneração. É possível que essa seja a parte da discriminação mais discutida em nossa sociedade. Será que as mulheres realmente recebem salários menores do que os homens? Mas como comparar diferentes trabalhos ou cargos? Será que é discriminação pagar mais para uma pessoa que está no cargo de gerente do que a outra que trabalha como analista, dentro da mesma empresa? Essas questões são válidas e muito importantes. Então precisamos, em primeiro lugar, entender o que é diferença salarial e o que é discriminação.

Diferença salarial é o pagamento diferente para trabalhos distintos. Então, quando uma gerente de uma empresa recebe um salário menor que o de uma diretora, essa diferença, isoladamente, não é discriminação. São cargos distintos, inclusive hierarquicamente, com trabalhos diferenciados e responsabilidades diferentes. Já a discriminação ocorre quando comparamos duas pessoas que fazem o mesmo trabalho, na mesma empresa e com iguais condições, mas uma recebe um salário maior do que a outra.

Segundo a legislação brasileira: "Sendo idêntica a função, a todo trabalho de igual valor, prestado ao mesmo empregador, no mesmo estabelecimento empresarial, corresponderá igual salário, sem distinção de sexo, etnia, nacionalidade ou idade" (CLT, artigo 461). Qualquer distinção de pagamento para dois trabalhadores em mesma condição é considerada discriminação e contraria a legislação trabalhista do país. Entretanto, nossa legislação foi, por muitas décadas, vaga sobre as consequências que as empresas sofreriam caso fosse verificada a discriminação salarial, em especial contra as mulheres.

No projeto de lei complementar nº 130, de 2011, havia uma previsão de multa para as empresas que remunerassem de forma diferente homens e mulheres que exercessem a mesma função. Após uma década de debates entre Câmara dos Deputados e Senado, parecia que seria regulamentada a punição para a discriminação contra as mulheres. Entretanto, o projeto voltou a sua origem, a Câmara dos Deputados, a pedido do presidente da Câmara, em 2021, após uma polêmica com o então presidente da República, Jair Bolsonaro, que acreditava estar fomentando maiores dificuldades para a empregabilidade das mulheres se instituísse uma penalidade à discriminação contra elas. Na primeira metade de 2023, depois da eleição de um novo presidente, o projeto passou pela Câmara dos Deputados e pelo Senado — com algumas alterações — e foi encaminhado novamente para a sanção do presidente da República. Somente em julho de 2023 o projeto foi sancionado pelo presidente Luiz Inácio Lula da Silva.

Embora a nova legislação esteja em vigor, ainda persistem opiniões bastante inflexíveis sobre potenciais efeitos discriminatórios contra as maiores beneficiárias do projeto: as mulheres. Será que elas perderão o emprego com a ameaça de processarem empresas que as discriminem? É justo pagar o mesmo salário para homens e mulheres?

Tudo parte de um princípio importante: como definir o salário "justo" a ser pago para qualquer trabalhador? Do ponto de vista da ciência econômica, os trabalhadores são remunerados de acordo com sua produtividade. Pessoas mais produtivas recebem salários maiores, e pessoas menos produtivas, salários menores. Quando analisamos os salários na prática, no entanto, descobrimos que é muito difícil medirmos "produtividade".

Supostamente, produtividade é quanto de um certo bem é produzido em determinado período de tempo. Então, se estamos falando de calças jeans a serem costuradas, a quantidade de calças costuradas por hora é uma medida de produtividade. Entretanto, além de a maioria dos trabalhos não poder ser avaliada com essa métrica — produtos por hora, clientes por minuto, relatórios por semana etc. —, ainda existe a forma como avaliamos a qualidade do trabalho desempenhado. Talvez uma pessoa produza um número menor de calças jeans por hora, mas as calças que ela produz sejam 100% sem defeitos, nunca precisem de retrabalho, enquanto outra pessoa pode produzir um número maior mas poucas peças passarem pelo controle de qualidade, por exemplo. Então, mensurar a produtividade é mais complicado na prática do que parece ser na teoria.

Uma alternativa que as empresas encontraram foi remunerar de acordo com os cargos que as pessoas exercem. A partir de faixas salariais e responsabilidades específicas a cada cargo, os profissionais receberiam seus salários. Aqui é importante nos darmos conta do termo "faixas salariais". Seria muito difícil as empresas pagarem exatamente o mesmo salário para todos os colaboradores com o mesmo cargo — até injusto, de certa forma. Se eu comparo duas pessoas no cargo de gerência e uma delas está há mais anos no cargo e, além de seu trabalho formalmente descrito, também já assumiu outras responsabilidades, por exemplo dar suporte a outras áreas, é possível — e justo! — que ela receba um salário mais elevado. As faixas salariais permitem que as empresas tenham uma margem de manobra para adequar os salários de seus colaboradores a diferentes circunstâncias.

O problema da discriminação acontece quando, mesmo que se cumpram as faixas salariais — o que é difícil de verificar, pois esses valores não são divulgados pelas empresas —, um grupo recorrentemente recebe menos que outro. Como exemplo prático, imagine uma empresa que contrata homens e mulheres como coordenadores e tenha uma faixa salarial definida para esse cargo. Entretanto, quando calculamos a média salarial do cargo dentro dessa empresa e comparamos a média de salário dos homens com a das mulheres para o mesmo cargo, a média delas é significativamente inferior à deles. Isso é considerado discriminação.

Podemos nos perguntar: mas as empresas de fato fazem isso? Infelizmente a resposta é "sim". Em média, as mulheres recebem em torno de 15% a menos do que os homens no Brasil para um mesmo cargo.[22] E, conforme as responsabilidades no cargo e o nível educacional das pessoas aumentam, a diferença salarial entre homens e mulheres se intensifica. Em um estudo que conduzi em coautoria com Mariana Mauriz,[23] concluímos que, para os salários mais elevados — especialmente para pessoas com ensino superior completo —, a penalidade salarial para as mulheres chegava a 54%.*

---

* É importante ressaltar que, mesmo com essa diferença imensa na remuneração, ainda assim é vantajoso para as mulheres estudarem mais porque o prêmio dado para a educação — em especial para o ensino superior e pós-graduações — compensa a potencial discriminação de gênero.

Comparando a média da discriminação salarial no Brasil e no mundo, estamos ao lado da França (12%), dos Estados Unidos (17%) e da Alemanha (13%).[24] Existem alguns países com diferenças salariais muito mais alarmantes; no Japão, por exemplo, as mulheres recebem salários em média 21% menores do que os pagos aos homens. Entretanto, quando observamos os dados de vizinhos do Brasil, na Colômbia as mulheres recebem salários 2% menores que os dos homens e na Argentina, 6%. O Chile é o país mais próximo geograficamente a nós com um gap similar: 11%. Fato é que o pagamento desigual e discriminatório contra as mulheres é uma constante na maior parte dos países do mundo.

Parte da explicação apresentada para esse resultado é que as mulheres desempenham trabalhos diferentes daqueles feitos pelos homens. No entanto, com estatísticas mais detalhadas — no Brasil, por exemplo, podemos usar os dados da Relação Anual de Informações Sociais (Rais) —, é possível constatar que a diferença se dá no mesmo cargo, na mesma empresa. Outras explicações sugerem que as licenças-maternidade mais generosas do que as licenças-paternidade ocasionariam a diferença, mas isso, já podemos antecipar, não justifica tamanha discrepância na remuneração...

É muito plausível que a discriminação salarial contra mulheres — e contra pessoas negras, ainda maior — não seja deliberada. Isto é, os empregadores e os departamentos de recursos humanos das empresas não têm tabelas de remuneração diferenciando homens e mulheres. Entretanto, uma série de fatores que se acumulam nas carreiras acaba por resultar em uma diferença salarial que evolui para a discriminação.

Por exemplo, quando há uma oferta de trabalho, sabemos que a pessoa terá um determinado salário proposto. A disposição para negociar rendimentos mais elevados e o resultado desse acordo afetam a remuneração. Uma primeira suspeita que os pesquisadores tinham era de que as mulheres negociavam menos o salário do que os homens. Evidências empíricas não conseguem comprovar que essa é a realidade. Em um estudo publicado em 2015, os economistas Andreas Leibbrandt e John List mostram que homens e mulheres estão dispostos a negociar seus salários com a mesma intensidade se for explícito que a remuneração pode ser questionada.[25] Entretanto, quando essa possibilidade é subjetiva ou implícita, as mulheres preferem não questionar e os homens ainda assim entram na disputa por melhores remunerações. Dessa forma, podemos concluir que não se trata de uma disposição a negociar diferente entre os gêneros, mas de uma percepção do próprio poder de negociação que difere, do ponto de vista de socialização, entre homens e mulheres.

Essa percepção diferente pode ter origem no mesmo aspecto estudado pelos professores Barry Gerhart, da Universidade de Wisconsin-Madison, e Sara Rynes, da Universidade de Iowa. Eles mostraram que alunos de MBA tinham a mesma propensão para negociar salários mas que o resultado obtido na negociação era praticamente o dobro para os homens do que era para as mulheres.[26] Ou seja, para um custo semelhante de entrar em uma disputa com um potencial empregador antes da vaga estar garantida, o retorno era muito superior para um homem do que para uma mulher.

E, infelizmente, quando falamos sobre questões de gênero, os custos podem ser maiores do que somente o incômodo em provocar uma negociação salarial. Em um artigo publicado em 2007, as professoras Hannah Bowles, Linda Babcock e Lei Lai mostraram, por meio de evidências experimentais, que as mulheres sofrem uma punição por iniciarem a negociação de salários em ofertas de emprego.[27] A justificativa para essa penalidade está na não conformidade com o estereótipo aguardado. Ao mesmo tempo que se espera uma produtividade igual entre os gêneros, os estereótipos sociais de agradabilidade e gentileza associados às mulheres — mas não aos homens — são colocados em disputa quando uma mulher negocia sua remuneração. Voltamos novamente à questão de quanto o meio social acaba por limitar ou constranger as mulheres em atitudes que esperamos da parte dos homens mas que são vistas com restrição quando vindas da parte delas, podendo mesmo resultar em formas de punição para elas.

O problema de a negociação ser restrita ou não ser efetiva para as mulheres — o que não ocorre com os homens — não se limita aos salários inicialmente pagos. Quando uma pessoa é promovida ou muda de emprego, a base para sua nova remuneração é dada pelo emprego anterior. Assim, se uma mulher já parte de um salário mais baixo que o de um homem em seu primeiro emprego, aumentam as chances de que ela receba salários menores do que ele em toda a sua carreira.

Foi pensando em coibir esse reflexo da desigualdade no pagamento de homens e mulheres que, em 2018, nos Estados Unidos, alguns estados passaram a proibir perguntas sobre o salário anterior em processos seletivos.[28] Como historicamente as mulheres recebem salários mais baixos do que os homens, a impossibilidade de constatar quanto a pessoa recebia no emprego anterior faz com que as empresas ofereçam o salário que estão dispostas a pagar — dentro de suas faixas salariais — para todos os candidatos, independentemente de seu gênero, cor/ raça ou qualquer outra característica observável.

Outras iniciativas para desincentivar a discriminação e a desigualdade de condições entre homens e mulheres no mercado de trabalho já começam a se firmar em muitas frentes. Diversas empresas já usam recrutamento anônimo ou às cegas — sem o nome da pessoa no currículo e sem dados que identifiquem o gênero da pessoa, por exemplo. Outras já conduzem entrevistas sem saber a voz da pessoa entrevistada. Usando recursos tecnológicos cada vez mais disponíveis, é possível conversar com alguém com a voz alterada e utilizando uma espécie de avatar em vez do vídeo da pessoa entrevistada.

Esses recursos diminuem o impacto dos vieses inconscientes e conscientes em nossas escolhas. Mesmo com muito treinamento e autoconhecimento, somos sujeitos a tratar de forma desigual pessoas que mereceriam o mesmo tratamento. No mercado de trabalho, grupos minorizados sofrem com vieses e, se nosso objetivo é termos uma sociedade realmente justa, precisamos não só trabalhar ativamente para isso, mas dar condições de igual tratamento a todas as pessoas.

As discrepâncias que constatamos na sociedade — percentual reduzido de mulheres e de pessoas negras na liderança das empresas ou em cargos políticos, por exemplo — não se justificam pela falta de pessoas pertencentes a esses grupos minorizados capacitadas para cargos de maior visibilidade. Entretanto, sem entendermos que os vieses, preconceitos e a discriminação operam fortemente no mercado de trabalho e nos resultados práticos para a vida das pessoas, acabamos por ignorar a raiz das desigualdades em nossa sociedade e usamos argumentos incorretos para justificar o injustificável. Enquanto não formos capazes de nos responsabilizar pela equidade de oportunidades para todos os grupos — inclusive os que discriminamos atualmente —, continuaremos em uma sociedade desigual, que cobra preços muito mais elevados de algumas pessoas do que de outras. Definitivamente, isso não é justo.

3. Com licença, tenho filhos!

Nancy Folbre é uma das economistas mais reconhecidas no âmbito da economia feminista. Professora emérita da Universidade de Massachusetts Amherst, sua pesquisa tem foco na economia do cuidado, principalmente com crianças. É da autoria da professora Folbre uma alegoria da qual podemos partir para entender a importância das licenças parentais.

Nancy propõe um mundo onde as empresas não necessitem mais contratar pessoas para qualquer trabalho. A mão de obra seria composta por robôs muito eficientes e tão bem treinados que fariam autogestão e seriam "alimentados" por superbaterias. Um detalhe somente: para que os robôs pudessem ser fabricados em um modelo tão perfeito, levaria dezoito anos. As empresas encomendariam as máquinas e pagariam pelo custo da produção desses trabalhadores mecanizados, além de alguma remuneração adicional — lucro — para quem os produziu.

Bem, na realidade atual ainda precisamos de trabalhadores, seres humanos. Nós, os humanos, nascemos com muita capacidade de aprender, mas com um estoque limitado de ações possíveis ao nascer (e por muitos anos...), que não incluem se alimentar e se proteger sozinho. As famílias são as grandes responsáveis por cuidar dessas crianças (futuros trabalhadores) pelo tempo que for necessário para que estejam prontas para serem "produtivas" para o mercado de trabalho. Entretanto, quem paga pelo custo da "produção" dessa mão de obra? Se, no exemplo de Nancy, as empresas poderiam querer pagar pelos robôs, será que elas estão dispostas a compartilhar o custo da formação de novas pessoas que também trabalharão no futuro?

Neste capítulo, discutiremos somente uma parcela do custo dessa produção: os anos iniciais da vida de um indivíduo, quando ele necessita de cuidado, atenção e muita dedicação para que seu desenvolvimento seja adequado. Para que parte desse período seja coberta pelos adultos responsáveis por essas crianças, temos as licenças do trabalho para mães e pais.* Desde 1919, quando ocorreu a primeira Conferência Internacional do Trabalho promovida pela Organização Internacional do Trabalho (OIT), discutiu-se a necessidade de proteção do direito à maternidade no trabalho. Segundo o documento da OIT,[1] a preocupação ultrapassa os limites das condições de saúde da mãe e da criança, tendo também como objetivo garantir que as mães possam manter seus empregos de forma a não serem as únicas responsáveis pelo trabalho reprodutivo — nesse contexto entendido como o trabalho de cuidado com recém-nascidos e crianças pequenas.

---

* As licenças-maternidade, paternidade ou parental são mecanismos de apoio importantes para pais e mães, conforme discutiremos neste capítulo. Entretanto, é relevante termos claro que são disponíveis somente para pessoas com emprego formal. Em um país como o Brasil, essa nota é vital para entendermos os mecanismos de manutenção de desigualdades sociais que continuam ativos na sociedade. Ainda neste capítulo discutiremos o efeito perverso de licenças e benefícios somente para uma parcela da população que trabalha de forma registrada (trabalho formal).

Entre as licenças, a mais conhecida é a licença-maternidade remunerada integral ou parcialmente. Apenas seis países no mundo — incluindo os Estados Unidos, o único considerado "rico" na lista — não a oferecem com base em uma legislação federal.[2] De acordo com a Organização para a Cooperação e Desenvolvimento Econômico (OCDE),[3] em 2020 os países ofereciam, em média, dezoito semanas de licença-maternidade remunerada (parcial ou integralmente). Esse afastamento do trabalho nas semanas anteriores ou posteriores ao parto* permite que a pessoa que teve o bebê** se recupere física e psicologicamente ao mesmo tempo que dedica o cuidado necessário — incluindo amamentação — para a criança. Na América Latina, Chile e Colômbia têm dezoito semanas de licença-maternidade com pagamento integral do salário. O Brasil, atualmente, oferece 120 dias (pouco mais de dezessete semanas) para todas as trabalhadoras formais e 180 dias (quase 26 semanas) para as trabalhadoras de empresas que fazem parte do programa Empresa Cidadã. Em ambos os casos, a remuneração é integral durante todo o período.

Uma das grandes críticas à licença-maternidade é de que ela seria muito custosa para os negócios e que, por esse motivo, seria justificável que as empresas discriminassem as mu-

---

* Em casos de adoção, para os países que a incluem na licença-maternidade, geralmente esse período de afastamento é concedido após a chegada da criança.
** Procurei, ao longo do texto, ser o mais inclusiva possível. Sabemos que não só mulheres podem dar à luz (homens trans também o fazem, por exemplo). Entretanto, para facilitar a leitura, usarei "pessoas que geraram o bebê", "trabalhadoras que tiveram filho" ou mesmo somente "empregada" ou "trabalhadora" me referindo a todas as pessoas que passaram pela gestação e pelo parto.

lheres na contratação ou na promoção. Em um vídeo recuperado no ano de 2022, um integrante do então governo federal[4] falava que a licença-maternidade estendida para 180 dias seria um "crime" contra as mulheres... Ainda discutimos, como nação, se esse direito é "justo" ou não. É muito importante entendermos que as licenças — maternidade, paternidade e a extensão delas para qualquer um dos genitores, a chamada licença parental, que abordaremos um pouco adiante no capítulo — têm diversos custos e outros tantos benefícios. Vamos começar pelos custos. A licença-maternidade, em especial, pode ter dois custos diretos: o afastamento da pessoa do trabalho por um período relativamente longo e o custo para remuneração da licença.

Começando pelo custo financeiro: ele não incorre para a empresa. Sim, para surpresa de muitas pessoas, não é a empresa que efetivamente paga a licença-maternidade, e sim a Previdência Social. E, diferentemente das outras licenças (por exemplo, licença médica), que têm limite de valor a ser concedido com base no teto do INSS, a remuneração paga é o salário integral da trabalhadora.* Ao mesmo tempo, as mães com emprego formal têm o benefício de poderem se afastar do trabalho com a renda que já recebiam como garantia para sustento de sua família. Ou seja, é um benefício para a mulher, mas também para suas crianças e cônjuge.

Passamos então para o segundo custo: o afastamento da trabalhadora. Sem dúvida, a perda de uma pessoa na empresa

---

* O salário é pago integralmente até o teto federal, que é o salário de ministro do Supremo Tribunal Federal (STF). Em 2022, o valor do teto era 39 300 reais. Menos de 1% dos trabalhadores no Brasil recebe salário superior a esse valor.

por qualquer período significa ou um trabalho adicional para quem permanece trabalhando ou a necessidade de contratação de temporários para desempenhar suas tarefas. Entretanto, as pessoas se afastam do trabalho por muitos motivos além da licença-maternidade.

Pensando em diferentes possibilidades de afastamento, Adriana Carvalho e eu computamos uma série de estatísticas[5] para entender o real impacto dos períodos de ausência das mulheres no mercado de trabalho. Usando informações da Rais de 2017, que é uma base de dados coletada e divulgada pelo Ministério do Trabalho a partir de relatórios gerados pelas empresas, calculamos o número médio de dias que uma mulher fica afastada do trabalho em um ano, incluindo o período de licença-maternidade devido. Para fins de comparação, fizemos o mesmo com os homens.

Qual não foi nossa surpresa ao chegarmos a uma média de dezesseis dias por ano de afastamento do trabalho pelas mulheres e 13,5 dias por parte dos homens. Isso significa que elas perdem apenas 2,5 dias de trabalho a mais do que os homens — por ano! —, mesmo considerando que o tempo da licença-maternidade é muito superior ao da licença-paternidade, que no Brasil varia de cinco a vinte dias, pela legislação trabalhista. Ou seja, parece que os homens também perdem muitos dias de trabalho, possivelmente um número muito superior ao das mulheres se não contarmos as licenças maternidade e paternidade, só que essas "faltas" não são levadas em consideração por grande parte das pessoas.

Por curiosidade, também analisamos os diferentes períodos médios de afastamento por idade. Afinal, as mulheres têm um período de fertilidade restrito — em geral, abaixo dos quarenta anos de idade — e, possivelmente, haveria uma variabilidade maior nos dias de afastamento. O Gráfico 3.1 mostra esse resultado:

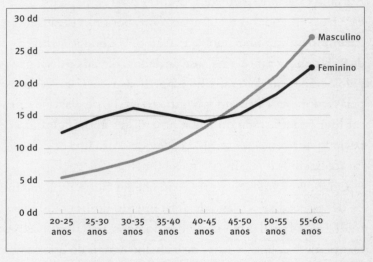

GRÁFICO 3.1: Dias de licença do trabalho em um ano (por sexo e faixa etária)

FONTE: R. Madalozzo e A. Carvalho, "Perguntas e respostas sobre licença-maternidade", Insper, nov. 2019.

No Gráfico 3.1, as linhas representam o número médio de dias que mulheres (linha preta) e homens (linha cinza) se afastam do trabalho. O que a figura nos mostra é que até os quarenta anos de idade as mulheres efetivamente perdem um número maior de dias de trabalho do que os homens. A maior diferença ocorre entre os trinta e 35 anos, quando as mulheres ficam, em média, dezesseis dias afastadas no ano e os homens, sete. Todavia, entre os quarenta e 45 anos de idade, homens e mulheres se afastam do mercado de trabalho os mesmos onze dias por ano, em média. Após os 45 anos, os homens passam a perder mais dias de trabalho, em média, do que as mulheres. Quantas vezes nós escutamos que os homens maduros faltam mais ao trabalho do que as mulheres e que por isso deveriam receber salários menores? Possivelmente você escutou isso o mesmo número de vezes que eu: nenhuma... Aliás, parece que essa não é uma informação que esteja em nosso radar. Mas a licença-maternidade, sim.

Outro ponto importante: precisamos lembrar que a licença-maternidade, diferentemente de muitas outras possibilidades de afastamento do trabalho, é bastante previsível. A pessoa engravida, seu corpo muda — em geral, visivelmente — e os empregadores podem perceber (embora sejam notificados) que essa pessoa se afastará do trabalho por um determinado período em poucos meses. Havendo esse período até a data em que o afastamento efetivamente acontecerá, é possível um planejamento, um remanejamento de atividades ou mesmo a transferência das tarefas para que outras pessoas as desempenhem durante esse período em que a mãe estará de licença. Quando nada disso é possível, a contratação de uma pessoa temporária é outra alternativa, pois não implicará em um custo financeiro adicional já que o salário da pessoa afastada será coberto pela Previdência Social.

Embora os dados sejam irrefutáveis — a fonte da base de dados é o próprio governo, as estatísticas são replicáveis etc. —, ainda assim permanece o preconceito contra as mulheres no mercado de trabalho com base na licença-maternidade. Uma alternativa seria uma equiparação — não necessariamente completa, mas com uma menor diferença — entre as licenças-maternidade e paternidade em termos de tempo, ou mesmo a implementação de um período de licença parental, como veremos adiante.

Também é importante nesse tópico garantirmos que casais homoafetivos tenham seus direitos equiparados. Se imaginarmos um casal de duas mulheres e uma delas for a genitora do bebê, a licença-maternidade é concedida a ela e os dias de licença-paternidade vão para sua cônjuge. Em caso de casais com dois homens cisgênero, em que nenhum deles passará pelo parto,* pode-se utilizar as regras de licença para adoção.[6] No Brasil, a licença-maternidade é concedida a pessoas que adotam crianças.

Em nosso país, como citado anteriormente, a licença-paternidade é de cinco a vinte dias. Algumas empresas[7] oferecem, de modo voluntário, períodos superiores aos da legislação. De acordo com essas empresas, o aumento voluntário ocorre na medida em que se percebe que o período pós-nascimento de um bebê coincide com a formação de laços entre os pais e a criança. A mãe gestou o bebê e esteve com ele o tempo todo. O pai, embora muitas vezes acompanhe a gravidez, tem uma distância física maior do bebê e pode, por meio de um contato mais próximo, criar uma relação afetiva mais forte ao estar presente junto da mãe e da criança logo após seu nascimento.[8]

---

* O parto é possível para homens trans. Nesse caso, o homem que passou pelo parto teria direito à licença equiparada à licença-maternidade, embora seja um homem. Pode parecer um ponto menos relevante, mas as nomenclaturas que damos às próprias licenças são excludentes de direitos para algumas pessoas, como homens e mulheres transgênero.

Ao mesmo tempo que as empresas percebem a importância para as famílias dessa extensão da licença-paternidade, outros objetivos mais ligados à cultura corporativa justificam esse benefício adicional. Para empresas que colocam em pauta a questão de diversidade de gênero, é importante criar uma cultura diferenciada. Todas as pessoas que fazem parte da empresa são incentivadas a pensar seus papéis dentro e fora dela. Pensar em "ser igual" enquanto trabalhador ou trabalhadora mas ter uma divisão de trabalho doméstico ou de cuidado desigual em sua vida pessoal gera um conflito interno a respeito dos papéis sociais. Ao aumentar o benefício da licença-paternidade, as empresas sinalizam a importância da participação dos pais no convívio, na criação e na educação das crianças, de modo que as mulheres deixem de ser as principais responsáveis pelo cuidado ou atenção aos filhos. Quando existe esse tipo de cultura corporativa, passa a ser muito mais natural uma pessoa — independentemente de ser homem ou mulher — sair do trabalho para levar a criança ao médico ou acompanhá-la em alguma atividade escolar.

Além de criarem uma nova cultura com relação à equidade de gênero, as empresas pioneiras na extensão da licença-paternidade também já perceberam que existe um benefício indireto nessa ação: a menor rotatividade dos funcionários. Quando as pessoas percebem que sua vida fora do ambiente laboral é valorizada, de modo geral cresce a satisfação com o próprio trabalho e, consequentemente, com a empresa. Diminuem os incentivos para a troca de emprego, por consequência.

Entretanto, precisamos nos atentar a um fator: o aumento da licença-paternidade não "causa" uma melhoria na equidade de gênero de forma automática. Um dos grandes exemplos de país com licença-paternidade generosa é o Japão. Lá, os pais podem permanecer afastados do trabalho por até um ano, recebendo no mínimo 50% do salário. Essa licença pode ser estendida para até dois anos. Ao mesmo tempo, quando olhamos o ranking do Global Gender Gap Report de 2023,[9] o Japão é o 125º país — entre os 146 analisados — no ranking (no mesmo ano, o Brasil ocupou a posição 57).

Ou seja, apesar de ter uma licença-paternidade bastante progressista, o Japão não consegue estabelecer uma relação de equidade de gênero na sociedade ou no ambiente de trabalho: enquanto nos Estados Unidos — que não têm uma legislação federal de licenças-paternidade ou maternidade remuneradas obrigatórias — 42% dos cargos de gerência e gestão são ocupados por mulheres, no Japão esse percentual é de 14,7%.[10] Então, será que isso significa que a licença-paternidade — ou maternidade — mais generosa na verdade prejudica a equidade? Dificilmente...

O que ocorre é que uma sociedade que não esteja preparada para lidar com o compartilhamento do cuidado com bebês e crianças dificilmente se autorregulará para criar maneiras inovadoras de participação dos homens no cuidado. No Japão, uma sociedade conhecida por sua dedicação ao trabalho, a divisão entre as tarefas de cuidado e as de trabalho remunerado ainda é bastante tradicional. No entanto, já sabemos que a segregação ocorre até mesmo antes do mercado de trabalho. Das mulheres, culturalmente se espera o foco nos filhos e na família em termos de horas gastas e tarefas cumpridas. Ao mesmo tempo, a dedicação dos homens à família se traduz em serem provedores, isto é, ocuparem-se do trabalho remunerado e serem os responsáveis pela saúde financeira da família.

Um aumento de licença-paternidade sem alteração e sensibilização do caldo cultural no entorno do pai — e da mãe, da família e da própria empresa em que um ou o outro trabalha — impossibilita a concretização de seu efeito potencial. Exatamente como ocorre no Japão, quando a cultura — do país e/ou das empresas — é tal que a valorização das horas de trabalho remunerado supera a do trabalho de cuidado, as pessoas acabam por não usufruir de um direito conquistado. Nesse país, menos de 10% dos pais utilizaram seus dias de licença conforme a legislação. O caráter voluntário da licença é muito interessante, desde que a sensibilização para o tema desperte nos pais — e mães — a vontade de usufruir dela. Não é raro escutarmos que os pais "só atrapalham" ou "geram mais trabalho" para as mães que tiveram bebê há pouco tempo. Mudar essa visão e incluir os pais nesse período tão importante para a saúde mental e psíquica das crianças faz parte do processo de transformação cultural que acolhe a presença e a responsabilidade de pais e mães com relação a seus filhos.

Além das licenças exclusivas para mães e pais, uma alternativa possível para a maior permanência destes últimos próximo aos recém-nascidos por mais tempo é a licença parental, pouco conhecida no Brasil e que não é prevista na lei trabalhista atual.[11] Trata-se de um período de licença concedido, geralmente, após a licença-maternidade e paternidade disponíveis na legislação e que pode ser dividido entre mulheres e homens.

A Dinamarca é um caso bastante típico da licença parental. Lá, as mães têm direito a quatro semanas de licença-maternidade antes do nascimento do bebê e a catorze semanas após o parto, e durante esse período ela tem garantida sua remuneração integral. A licença-paternidade, no entanto, é de somente duas semanas. Mas existem 32 semanas que podem ser utilizadas por qualquer um dos genitores, e pais e mães podem escolher quantas dessas semanas cada um usará.

A Suécia é um dos contraexemplos desse sistema. Lá não existem os períodos exclusivos de licença-maternidade e paternidade, somente a licença parental. Pais e mães têm dezesseis meses de licença a serem divididos, com a condição que cada um deles precisa tirar pelo menos noventa dias (ou seja, três meses). Isto é, se o pai não tirar os dias aos quais tem direito, a mãe consegue se afastar do trabalho por treze meses, no máximo. Para estimular que os homens façam uso do benefício, o governo sueco instituiu um bônus para casais que dividem igualmente o período da licença parental. Mesmo assim, infelizmente, só 14% dos casais utilizam o benefício de forma igualitária.

A importância das licenças — maternidade, paternidade e parental — tem como base a necessidade do cuidado com o recém-nascido. Entretanto, se não entendemos a importância do compartilhamento da responsabilidade do cuidado de crianças do ponto de vista social, isso pode gerar impactos na carreira de quem usufruiu desse benefício. Um dos impactos mais preocupantes é a possibilidade de mulheres perderem o emprego, o que tem como consequência um risco à permanência delas no mercado de trabalho de modo geral. Cecilia Machado e Valdemar Pinho Neto, economistas da FGV, pesquisaram o efeito da maternidade no mercado de trabalho feminino.[12] Constataram que 50% das mulheres estavam desempregadas ou fora do mercado de trabalho até 47 meses após tirarem licença-maternidade. O efeito é desigual de acordo com a escolaridade das mulheres.* Para aquelas com maior nível educacional, o efeito atingia "apenas" 35% delas. Ou seja, mesmo entre as mulheres mais educadas, que fizeram maior investimento em qualificação, a permanência no mercado de trabalho era incerta. Ser mãe no Brasil tem um peso ligado à responsabilidade, acrescido de um custo muito grande com relação à empregabilidade e à própria remuneração.

Em 2021, orientei o trabalho da economista Giulia Wagana di Martino a respeito do efeito da demissão de mulheres após a licença-maternidade.[13] Giulia utilizou os dados da Rais no período de 2012 a 2017 para acompanhar as mulheres que se beneficiaram da licença-maternidade em 2012. Analisando caso a caso, Giulia comparou as que permaneceram empregadas nos anos posteriores e aquelas que perderam o trabalho nos meses seguintes ao retorno da licença. Passados cinco anos, as mulheres que haviam sido dispensadas e estavam empregadas de maneira formal novamente — em geral, em outras empresas — tinham uma remuneração 11% menor do que as que haviam mantido o emprego após a licença-maternidade. Esse trabalho evidencia que os efeitos negativos não

---

* Nesse estudo não estão explícitos os dados a respeito de diferenciais de taxas de demissão entre mulheres brancas e negras (embora isso possa ser calculado).

se restringem à perda do emprego em si. O afastamento do trabalho, via desemprego ou via saída do mercado de trabalho,* tem um efeito de médio prazo na própria remuneração dessa trabalhadora.

Trabalhar com dados como os da Rais nos permite fazer cálculos e estimativas para a população em geral. Entretanto, muitas vezes as histórias individuais que essas informações nos contam apontam para a realidade mais palpável das mulheres. Muitas delas são reprovadas em processos seletivos por declararem estar esperando bebês, outras tantas mantêm o emprego durante a gravidez mas, ao retornarem da licença-maternidade, seus cargos já foram extintos ou ocupados por outras pessoas no período do afastamento legal. O que o estudo dos economistas da FGV aponta — a saída das mães do mercado de trabalho — tem seu efeito calculado pela monografia de Giulia: a perda de salário no médio prazo. Mas, para além disso, são as mulheres que, no dia a dia, percebem que ser mãe implica um risco palpável para a carreira.

E aqui é importante lembrarmos que os impactos calculados em nosso estudo e em muitos outros foram estimados com base nos empregos formais. Somente pessoas empregadas formalmente têm direito às licenças. No estudo que fiz com Giulia, parte da amostra "desapareceu" entre 2012 e

---

* É importante falar sobre a diferença entre desemprego e estar fora do mercado de trabalho. Em termos de definição, somente está desempregado quem não está trabalhando e, ao mesmo tempo, está procurando emprego. Se a pessoa não está trabalhando mas não procura por uma vaga, ela não está oficialmente desempregada. Pela definição, esse segundo caso configura estar "fora do mercado de trabalho".

2017. Isso significa que as mulheres que foram mães em 2012 e perderam seus empregos formais podem ter retornado ao mercado informalmente — sem direito trabalhista algum — ou até mesmo não conseguiram recolocação nesse período de cinco anos.

No Brasil, cerca de 50% dos trabalhadores estão empregados informalmente. Isso significa que essas pessoas não terão direito a nenhum tipo de licença... Bila Sorj e Alexandre Barbosa Fraga chamam essa desigualdade de direitos de "cidadania regulada".[14] Utilizando dados da PNAD-C de 2017, Sorj e Fraga conseguem calcular como cada trabalhador terá ou não acesso às licenças. Pessoas com vínculo CLT, o que chamamos de emprego formal, têm as licenças de acordo com a Consolidação das Leis Trabalhistas — ou seja, 120 dias para as mães (empregadas domésticas registradas inclusive) e cinco dias para os pais. Pessoas que trabalham por conta própria podem ou não contribuir com a Previdência Social. Aquelas que contribuem têm direito às licenças, as outras, não. Nenhum empregado informal tem direito legal às licenças.

Usando os dados da PNAD, a pesquisa aponta que os percentuais de contribuição para a Previdência Social também são muito desiguais levando em conta a cor/ raça dos trabalhadores. Enquanto 71,4% dos homens brancos contribuem para a Previdência, somente 57,8% dos homens negros o fazem. Com relação a elas, 74% das mulheres brancas contribuem e só 60,5% das mulheres negras fazem o mesmo. E, pensando em camadas de renda, a diferença é ainda mais gritante. Para pessoas que recebem menos de meio salário mínimo, apenas 5,9% dos homens e 8,2% das mulheres contribuem com a Previdência. Já entre pessoas que recebem mais de cinco salários mínimos, 90,9% dos homens e 93,5% das mulheres são contribuintes.

Essas diferenças reforçam a desigualdade de oportunidades, pois, ao não ter direito a licenças, os trabalhadores — homens e mulheres — precisam retornar mais rapidamente ao trabalho e são prejudicados em seu direito de conviver com os recém-nascidos. A alternativa é ficar fora do mercado de trabalho — ou desempregados — pelo período que se fizer necessário e, com isso, sofrer uma perda de renda.

Entretanto, ao pensarmos em alternativas que garantam a possibilidade de as licenças realmente terem efeitos positivos para as famílias, é importante ampliarmos o olhar de políticas públicas que façam sentido tanto para o público-alvo das iniciativas como para a efetividade das medidas. Em maio de 2022, por meio de uma Medida Provisória (MP), o governo brasileiro divulgou o programa Emprega + Mulheres e Jovens, com o objetivo de melhorar a inserção e a manutenção do trabalho formal de mulheres e jovens, dois grupos com alta taxa de desemprego em nosso país.

Muitas das medidas propostas nessa MP vêm ao encontro da necessidade de quem tem filhos. O pagamento de auxílio-creche, a priorização da flexibilidade no trabalho para pais e mães ou mesmo o foco em qualificação para mulheres são medidas bem-vindas no sentido de sinalizarem a preocupação com essas trabalhadoras e esses trabalhadores. Entretanto, algumas medidas são redundantes — o pagamento de auxílio-creche já é obrigatório para empresas com mais de trinta mulheres há mais de quinze anos — e outras são de difícil implementação — como o caso de divisão do prazo adicional de sessenta dias de licença-maternidade entre pais e mães para casais em que ambos trabalhem em empresas aderentes ao Programa Empresa Cidadã. Dentre as firmas que cumprem os requisitos para aderir ao programa, praticamente um terço o fez. Entretanto, quando observamos o total de empresas no país, menos de 1% delas aderiu ao programa. E, de todo modo, a probabilidade de ambos os membros de um casal trabalharem em empresas que aderiram ao Empresa Cidadã é bem baixa.

Mesmo assim, a disponibilização de dias de licença sobre os quais pais e mães podem decidir quem irá usufruir — a parte "parental" da licença — é muito interessante se trabalharmos a forma como a sociedade encara a dedicação das famílias com relação a seus filhos e suas filhas. Voltando ao exemplo do Japão, citado anteriormente: embora a licença-paternidade seja usufruída por menos de 10% dos homens que teriam direito, a licença-maternidade é utilizada por mais de 80% das mulheres, mesmo sendo voluntária. Os países nórdicos, os mais generosos em termos de tempo de licença parental, precisaram incluir regras de utilização por parte dos pais para que os homens passassem a usar dias da licença e compartilhassem o cuidado com as mães das crianças.

A Suécia é um desses casos. Em 1974, o país inovou ao proporcionar uma licença generosa — 180 dias — que podia ser dividida igualmente entre pais e mães. Entretanto, o uso não foi igualitário. Em 2014, por exemplo, os pais utilizavam em média 44 dias e, as mães, 135 dos 180 dias disponíveis para o casal. Então, em 2018 entrou em vigor uma nova lei estipulando que cada membro do casal teria direito a noventa dias dos 180 e que esse período não poderia ser transferido para a outra pessoa. Caso o pai não exercesse seu direito de 90 dias, esses dias seriam perdidos.*

A regulamentação complementar às licenças parentais na Suécia ilustra a necessidade de um olhar muito mais ampliado para questões de gênero: apenas garantir a possibilidade de licenças não faz com que as pessoas — homens e mulheres — adequem sua maneira de olhar para a relação trabalho-cuidado sem ter a intermediação do estereótipo. Então, entendo que, para garantir uma melhor divisão dos dias adicionais de licença para mães e pais no Brasil, é também necessário que exista um trabalho de sensibilização para o tema e um investimento do próprio governo em incentivar o papel parental por parte dos homens. Infelizmente, o conservadorismo cultural tem um grande potencial de neutralizar essas iniciativas.

A flexibilização de regras para utilização das licenças — uma das propostas da MP que instituiu o Emprega + Mulheres e Jovens — é bem-vinda desde que consigamos, como sociedade, entender o papel de cuidado como algo de valor para todos quando desempenhado por pais e mães, e não só quando as mulheres renunciam a seu tempo de trabalho para cuidar dos filhos do casal. Então, nesse sentido, é importante que as lideranças — do país e das empresas — sinalizem em

---

* Além desses 180 dias, a Suécia ainda garante outros trezentos dias de licença parental que podem ser divididos da forma como o casal — tanto hétero como homoafetivo — achar melhor. Somente pessoas com guarda exclusiva das crianças podem usufruir dos 480 dias integralmente. A Espanha é outro país que tem uma regra de exclusividade para o uso das licenças: tanto pais quanto mães têm direito a dezesseis semanas de licença, não transferíveis, com 100% da remuneração garantida. A equiparação das licenças aconteceu em 2021 e já serve de modelo para muitos países.

seu comportamento individual a consonância com o usufruto de licenças e de direitos e deveres iguais entre homens e mulheres no cuidado. Quando uma empresa adere à licença-paternidade estendida, é obrigação dos gestores — sobretudo de presidentes e diretores, quando homens — exercerem seus direitos e realmente fazerem uso da licença. Se a licença existe mas é utilizada somente pela base da hierarquia, isso sinaliza que, naquela cultura, o cuidado e a dedicação à família podem, sim, significar um desafio à própria carreira.

Pode parecer paradoxal pensar que o aumento da licença-paternidade, nesse sentido, é um incentivo para o emprego das mulheres. Homens são, na média, privilegiados no mercado de trabalho, e conceder dias de licença adicional poderia parecer um contrassenso. Mas, na realidade, fornecer um benefício mais equiparado de licença aos pais auxilia o emprego e a empregabilidade das mulheres.

Essa é a conclusão de outro estudo que orientei. A economista Fernanda L. Moreira Couto queria entender qual o impacto da licença-paternidade na equidade entre homens e mulheres.[15] Usando dados da OCDE e do Banco Mundial, a autora analisou o impacto do aumento da licença aos pais em três fatores importantes no mercado de trabalho feminino: participação de mulheres nele, empregabilidade feminina e diferença salarial com relação aos homens. Controlando estatisticamente o período anterior e o período posterior a aumentos na licença-paternidade, e usando uma metodologia de comparação entre países similares,[16] Fernanda mostrou que o aumento da licença-paternidade tem efeitos de curto prazo: aumento da participação feminina no mercado de trabalho, aumento de sua empregabilidade e diminuição da diferença salarial entre homens e mulheres. Ou seja, a concessão de direitos adicionais aos pais faz com que o mercado de trabalho discrimine menos as mulheres.

Entre 2020 e 2022, tive a oportunidade de participar de uma pesquisa conduzida pela Family Talks e pela 4daddy, com apoio da Market Analysis.[17] A partir dos dados de quase quinhentas empresas e uma amostra representativa de mil pessoas maiores de dezoito anos que vivem e atuam no Brasil, conseguimos entender um pouco mais do posicionamento organizacional e pessoal com relação à divisão do trabalho de cuidado e dos impactos profissionais de ter filhos para homens e mulheres.

Em conformidade com a pesquisa de Cecília Machado e Valdemar Pinho Neto, as mulheres respondentes declararam o receio de perder o emprego após engravidarem e terem seus filhos. Dos respondentes da pesquisa, 85% afirmaram acreditar que as mulheres temem o desemprego após a licença-maternidade. Ao mesmo tempo, pela consulta com a população em geral (homens e mulheres), a frase "É normal priorizar homens sobre mulheres no trabalho pois não se ausentam por filhos" causa uma divisão de posicionamento: 40% das pessoas concordam, 40% discordam e 20% não conseguem se posicionar. Se quase metade das pessoas normaliza a priorização de homens com relação a mulheres no emprego por elas se "ausentarem" quando têm filhos, o medo de perder o emprego após a licença-maternidade é bastante razoável.

Quem trabalha no mercado informal e não tem o amparo legal e financeiro para estar com seus recém-nascidos precisa escolher entre o trabalho de cuidado — amamentação e contato mais próximo com o bebê — e a manutenção de alguma fonte de renda. Em 2022, o jornal *Folha de S.Paulo* fez um levantamento nas creches públicas da capital paulista e encontrou 3741 bebês com menos de quatro meses matriculados nessas instituições.[18] Suas mães tinham emprego informal e muitas vezes não recebiam o apoio financeiro dos pais dos bebês; eram diaristas, empregadas domésticas sem registro e — ironicamente — babás.

Ao mesmo tempo que saem de suas casas para tomar conta das casas e das crianças de outras famílias, elas precisam deixar seus bebês nas creches, às vezes espantosamente cedo: das crianças que a reportagem encontrou antes da idade adequada para frequentar os berçários, 63 tinham menos de trinta dias de vida! Isso significa que essas crianças e essas mães não puderam estar juntas, com cuidado de amamentação frequente e o próprio acolhimento parental, nem mesmo pelo período de um mês. E precisamos ter muito cuidado para não culpabilizar essas mulheres, que estão tentando suprir sua ausência da melhor forma possível: deixando seus bebês em um lugar seguro, com pessoas treinadas e disponíveis para a maternagem. Está longe do ideal, mas é a alternativa possível para muitas delas, levando em conta que nossa sociedade em geral não privilegia a lógica de que os empregadores sejam corresponsáveis pelo bem-estar de seus funcionários e, indiretamente, das famílias deles.

Em empregos não usuais para a média da população, as atletas também enfrentam obstáculos com a maternidade. Não se trata somente da questão física e das escolhas de quando terão filhos, como ocorre com grande parte da população, mas também das dificuldades adicionais em manterem a carreira com a gravidez e o parto. Em um caso bastante divulgado, a empresa Nike precisou alterar suas políticas com relação à licença-maternidade para atletas patrocinadas.[19]

Em 2019, a corredora Allyson Felix assinou um artigo de opinião no *New York Times*[20] no qual falava sobre suas conquistas como atleta — ela tem seis medalhas de ouro em Olimpíadas e é vencedora de onze campeonatos mundiais — e a forma como foi tratada a renovação de seu patrocínio com a Nike depois de ficar grávida. No final de 2017, o contrato entre a empresa e Allyson venceu. No ano seguinte, grávida, ela passou a negociar as cláusulas do novo acordo. A empresa sugeriu uma redução de 70% em sua remuneração, mesmo sem a corredora ter, até aquele momento, diminuído sua performance. Embora estivesse disposta a aceitar a redução financeira, Allyson incluiu cláusulas que garantissem que não seria punida caso não conseguisse trabalhar no mesmo ritmo em torno do período do parto, mas a Nike se recusou a aceitá-las.

Allyson Felix é uma atleta reconhecida em todo o mundo e teve a oportunidade de se negar a assinar um contrato que não cumpria minimamente com exigências de respeito a sua saúde e a seu novo momento como atleta e mãe. Ao ter sua história divulgada, a Nike foi pressionada a definir uma nova política com relação à maternidade: as atletas então passaram a ter direito a remuneração e bonificações por dezoito meses em torno da gravidez, antes e depois do parto. Casos como o de Allyson nos fazem pensar: se isso aconteceu com uma campeã de altíssima performance — apenas dez meses após o parto, Allyson bateu o recorde de Usain Bolt no Campeonato Mundial de Atletismo —, o que podemos esperar em casos de atletas menos conhecidas, praticantes de esportes com menos visibilidade ou que ainda não se firmaram na carreira? No

Brasil, somente em 2023 a Câmara dos Deputados aprovou um projeto de lei (PL nº 1084, de 2023) — articulado por Ana Moser, ministra dos Esportes, e Cida Gonçalves, ministra das Mulheres — para que as mulheres que recebem o Bolsa Atleta continuem a ter direito ao benefício durante a gravidez e nos seis meses seguintes ao parto, e que possam solicitar um novo benefício para que a volta aos treinamentos seja possível, de modo a conseguirem retornar ao status de alta performance no esporte que praticam.

A Fifa somente no final de 2020 concedeu às atletas o direito de catorze semanas de licença-maternidade remuneradas com dois terços do salário. Essa legislação,[21] que vale internacionalmente para os clubes de futebol, passou a vigorar em 2021. As atletas que atuam no Brasil — e que são registradas! — têm o direito, em teoria, de gozar a licença-maternidade no país. Mesmo assim, o temor pela quebra do contrato ou pela diminuição de patrocínios é a tônica também no futebol feminino. Em outro fato inusitado, até meados de 2019 a Argentina considerava a gravidez das jogadoras como uma "lesão".

É bastante comum escutarmos que "As mulheres precisam se responsabilizar pela escolha de terem filhos" ou que "É mais importante a mãe se dedicar aos filhos do que ao trabalho". Apesar de supostamente bem-intencionadas, essas frases reforçam a visão conservadora de que o papel primordial das mulheres é com o cuidado e, ao mesmo tempo, que precisam de uma "licença" para atuarem profissionalmente, entrando no mercado de trabalho quase que como um favor, uma concessão.

As licenças com objetivo de cuidado para com recém-nascidos são um benefício não somente para as famílias, mas para a sociedade como um todo, inclusive para as empresas.

A forma míope de entender que seriam um benefício apenas para as trabalhadoras faz com que os preconceitos — contra as mulheres e contra o bem-estar das famílias em geral — sejam reforçados. É preciso ampliar nosso olhar também para a necessidade de cuidarmos das crianças, que são a base da sociedade e do trabalho no futuro. Crianças que convivem mais tempo com pais e mães são de modo geral mais saudáveis,[22] o que significa, de forma direta, menos gastos com saúde para o governo e para as famílias. A economista Sakiko Tanaka analisou os efeitos de políticas de licenças parentais[23] em países da Europa, nos Estados Unidos e no Japão. Ela constatou que é significativa a diminuição de mortalidade infantil quando as licenças são oferecidas de forma remunerada. Ao mesmo tempo, três pesquisadores da Queensland University, na Austrália, mostram que a licença-maternidade proporciona um aumento no período de amamentação dos bebês e, com isso, diminuem os casos de asma e bronquiolite nessas crianças, resultando em uma menor demanda pelos serviços de saúde.[24] Em sua dissertação de mestrado em economia na Universidade de São Paulo, Viviane Vecchi Mendes mostra que o aumento da licença-maternidade oferecido com a mudança na Constituição Brasileira em 1988 resultou em uma diminuição de incidência de nascimentos de bebês com baixo peso.[25]

De forma indireta, o bem-estar de crianças e adultos faz com que a sociedade em si seja muito mais feliz. E felicidade significa produtividade[26] também para as empresas. Então, pensar em melhores condições para que trabalhadores de ambos os sexos consigam cuidar de suas famílias é não só um bom investimento como também uma excelente forma de garantirmos uma sociedade mais justa e com menos discriminação.

4. Atenção a quem cuida: As necessidades de cuidado em uma sociedade

Em 2015, uma marca de produtos de limpeza iniciou, na Índia, uma campanha com uma série de vídeos intitulados "Share the Load", o que, em tradução livre, seria "Divida a carga". O título se referia a dividir o trabalho doméstico em uma linguagem que remetia a dividir a carga de roupas em uma máquina de lavar. Um dos vídeos mais compartilhados era o de um pai que visitava sua filha casada.[1] Ela voltava do trabalho, comentava sobre a lição que seu filho trouxera da escola, atendia o telefone e continuava tratando de assuntos do trabalho enquanto abria sacolas de compras para começar a preparar o jantar. O pai observava o movimento da casa: a filha fazendo duas ou três coisas ao mesmo tempo, a criança brincando, o genro assistindo à televisão enquanto recebia um pequeno lanche feito pela esposa e pedia a ela para lavar uma camiseta. Aos poucos, o pai se perguntava se ele havia feito o mesmo com a esposa e questionava a educação que ele e o genro haviam recebido e que os limitava em perceber e dividir o trabalho da casa.

Esse vídeo já tem muitos anos e sabemos que culturalmente a Índia é bastante diferente do Brasil. Entretanto, a realidade retratada na campanha cabe não só em nosso país como também em nossa atualidade. Em grande parte das nações, as mulheres são as grandes responsáveis pelo que chamamos de trabalho reprodutivo. Mas o que é isso?

Chamamos de trabalho reprodutivo o conjunto de tarefas necessárias para nossa manutenção como seres humanos. Essas tarefas podem ser relacionadas a outras pessoas. Cuidar de uma criança — alimentar, brincar, dar banho, trocar de roupa — é parte do trabalho reprodutivo, assim como cuidar de idosos ou de pessoas com alguma deficiência e, também, cuidar para que a roupa de alguém que sai para trabalhar esteja limpa e pronta para ser utilizada quando for necessário. Dessa forma, lavar roupa, cozinhar, cuidar da casa e as tarefas domésticas em geral são considerados partes do trabalho reprodutivo, assim como planejar, organizar e ter estrutura de apoio para que essas tarefas sejam desempenhadas.

Dentro das ciências econômicas, pensamos no trabalho reprodutivo no âmbito da economia do cuidado. Usamos a palavra "cuidado" não necessariamente no sentido de cuidador remunerado, ou seja, um empregado doméstico, mas sim para falar das tarefas que são vitais para que a vida das pessoas aconteça. Qualquer pessoa que participe do mercado de trabalho remunerado precisa de comida, lugar para descansar, roupas e uma gama de serviços que podem ou não ser comprados no mercado, mas que, em grande parte das vezes, são realizados de forma gratuita pela pessoa ou por alguém de suas relações familiares. Geralmente uma mulher...

A ideia de que as mulheres cuidam é bastante antiga e extremamente arraigada. Não raro escutamos que elas são mais preparadas para cuidar, que têm mais "habilidade" do que os homens para isso, que biologicamente foram programadas para esse trabalho. Bem, existem muitas controvérsias a esse respeito. Dentro da própria economia feminista, as pesquisas não são unânimes.[2] Por um lado, a biologia poderia favorecer uma necessidade por parte das mulheres de se dedicar a cuidar. Por exemplo, do ponto de vista de reprodução, o período de fertilidade das mulheres é menor do que o dos homens. A própria gravidez exige quarenta semanas para as mulheres gestarem, tempo ao longo do qual os homens poderiam ter diversos filhos com diferentes mulheres. Esses argumentos biológicos são usados, muitas vezes, para explicar o porquê de as mulheres cuidarem mais das outras pessoas do que os homens.

Entretanto, do ponto de vista de socialização, também é bastante difundida a ideia dos papéis e demandas sociais que nos são impostos. Ao mesmo tempo que as preferências são individuais, no sentido de que cada pessoa tem a própria forma de definir seu padrão de escolhas, esse modo de agir tem clara influência a partir da sociedade em que os indivíduos estão inseridos. Uma pessoa que nasce em uma sociedade patriarcal, com responsabilidades muito estritamente divididas entre homens e mulheres, tem maior propensão a acreditar que a divisão sexual do trabalho seja a forma "natural" de viver em comunidade. Homens dedicam seu tempo ao trabalho remunerado e mulheres, ao trabalho não remunerado. Cuidar de crianças e de idosos da casa seria uma consequência do tempo e da habilidade disponíveis às mulheres.

Na década de 1960, toma relevância uma discussão que ficou marcada pelo nome New Home Economics (NHE),[3] tendo o economista norte-americano e prêmio Nobel Gary Becker como um dos principais expoentes da época. A tradução literal seria "nova economia doméstica/ do lar", mas a abordagem era mais conectada com o que hoje chamamos "economia da família". Um fato interessante — e muito bem contado tanto por Shoshana Grossbard em *Jacob Mincer: A Pioneer of Modern Labor Economics* como por Marianne Ferber em *The Economics of Women, Men, and Work*, coescrito por Francine Blau e Anne Winkler — é que Becker, referência na área, na verdade não foi o "criador" da teoria em si. Discutir do ponto de vista econômico a formação familiar e a distribuição de responsabilidades entre os papéis familiares já era foco da pesquisa de Margaret Reid e Hazel Kyrk, na década de 1930, ao menos vinte anos antes de Becker publicar seus primeiros artigos sobre esse tema — então é justo que seja uma *nova* economia doméstica/ do lar. Reid e Kyrk também eram professoras na Universidade de Chicago, a mesma que ganhou muito renome com a pesquisa divulgada por Becker.

Além da diferença no timing das publicações, Reid e Kyrk focavam tanto na produção quanto no consumo de bens dentro das famílias. A produção de bens poderia ocorrer via mercado, com a venda de horas de trabalho, mas também internamente, na produção de bens domésticos — que, hoje sabemos, envolve desde afazeres domésticos até atividades de cuidado. Uma das ressalvas interessantes de Margaret Reid foi com relação à importância do reconhecimento do trabalho feito sem remuneração, dentro das próprias famílias e por seus membros, tanto social como economicamente. Ou seja, ela já falava do trabalho reprodutivo e de cuidado.

De certa forma, Becker também usava a abordagem de processos decisórios centralizados dentro das famílias, como Reid e Kyrk; entretanto, com um formato completamente enquadrado na divisão sexual do trabalho. Segundo ele, essa divisão ocorria pela diferença em vantagens comparativas entre homens e mulheres: embora ambos pudessem usar seu tempo participando no mercado de trabalho, os homens teriam uma "vantagem comparativa" com relação às mulheres por elas terem maior "habilidade" no trabalho doméstico do que eles ou, até mesmo, por eles receberem salários mais elevados do que elas. Isso gera um raciocínio que se retroalimenta: se homens recebem salários mais elevados e as mulheres se especializam no trabalho doméstico, cada vez mais a diferença de salário entre eles se justifica e se aprofunda, e assim a divisão sexual do trabalho se sustenta e se mantém.

Pesquisadoras do final da década de 1960 e início dos anos 1970 — a maior parte delas economistas ou sociólogas — já chamavam a atenção para as falhas do argumento de Becker em seu determinismo.[4] Inegavelmente existem diferenças nos marcadores biológicos entre homens e mulheres. Estudos com macacos rhesus apontam que a disposição para brincar com carrinhos e bonecos é diferente entre os sexos. Os machos gastam mais tempo com carrinhos e outros brinquedos considerados "masculinos", e as fêmeas distribuem seu tempo de brincadeira mais igualmente entre carrinhos e bonecos, por exemplo. Isso seria um argumento em favor de algum tipo de determinismo biológico para os machos não se dedicarem ao cuidado — mesmo que alguns autores[5] já tenham apontado a dificuldade de traduzirmos esses experimentos como algo "biológico", pois carrinhos e bonecos não faziam parte dos objetos disponíveis nas sociedades mais antigas, que ocasionaram a evolução cerebral dos humanos...

Entretanto, será que a forma como meninas e meninos eram educados não fazia com que suas escolhas replicassem a forma tradicional de reprodução do ambiente familiar? Outras pesquisas apontam para o papel adaptativo de nossas preferências, inclusive pela dedicação ao cuidado. Elas testam, por meio de experimentos, a influência das escolhas e ações dos pais e mães nas preferências das crianças, ultrapassando as restrições genéticas com as quais estas teriam nascido. Então as tais vantagens comparativas nada mais seriam do que a consequência de uma socialização que privilegiava o cuidado para as meninas e outras atividades para os meninos.

Um desses experimentos foi conduzido por dois pesquisadores da área de desenvolvimento humano e ciências da família. Josh L. Boe, da Universidade da Georgia, e Rebecca J. Woods, da Universidade Estadual de North Dakota, montaram um experimento que contou com a participação de 111 crianças, que foram divididas em dois grupos.[6] No primeiro havia bebês de cinco meses de idade, de ambos os sexos. O segundo grupo era também composto por meninos e meninas, mas com doze meses. Os pesquisadores ofereciam bonecas e carrinhos aos bebês e, dependendo da resposta, conseguiam avaliar suas preferências. Para bebês de cinco meses de idade, a escolha por carrinhos ou bonecas era igual para meninos e meninas: ambos preferiam as bonecas. Esse resultado mostrou aos pesquisadores que, nessa idade, não havia distinção entre os sexos a respeito do brinquedo mais desejado. Já entre aqueles de um ano, os meninos preferiam carrinhos e as meninas não tinham preferência entre estes ou bonecas. A partir dessa constatação, Josh e Rebecca concluíram que a formação de uma preferência diferenciada pelo sexo dos bebês é formada antes dos doze meses de idade.

Entretanto, a questão principal dessa investigação era se os pais exerciam alguma influência nessa escolha. Socialmente, ainda é bastante comum que sejam oferecidos brinquedos de acordo com o sexo da criança. Meninos raramente ganham bonecas ou são incentivados a brincar com elas. O oposto ocorre com meninas: elas não somente são expostas a brinquedos que lembrem bebês e cuidado (inclusive em relação a animais) como são incentivadas a cuidar e proteger esses brinquedos. A partir dessa realidade, os pesquisadores propuseram que os pais e mães participassem do experimento incentivando por um curto período de tempo (de três a cinco minutos) que os bebês que haviam escolhido carrinhos passassem a brincar com as bonecas (e o contrário para os que haviam escolhido bonecas). Ao final do experimento foi possível constatar que nada mudou: a preferência dos bebês estava estabelecida e esse curto período de intervenção parental não teve efeito significativo nas escolhas reveladas por eles.

Por fim, os dois pesquisadores utilizaram dados dos brinquedos que eram disponibilizados diariamente para esses bebês. Eles solicitaram aos pais uma lista com todos os brinquedos da casa e um relatório do tempo que o bebê ficava exposto a eles. Foi dessa última tentativa de explicação que os pesquisadores concluíram que a exposição de mais longo prazo é a que tem efeito: os bebês acabavam por revelar no laboratório uma preferência por brinquedos similares aos que tinham em casa. E, com isso, o artigo conclui que os pais influenciam as preferências de suas crianças mesmo quando não estão atentos a isso. Elas observam o que lhes é oferecido, passam a gostar mais do que é conhecido e mantêm essa preferência de forma estável ao longo do processo de crescimento. Sendo assim, o que chamamos de escolhas ou preferências naturais distintas para os diferentes gêneros nada mais é do que um mecanismo social reprodutivo que se expande a partir de uma ação iniciada na infância e perpetuada socialmente na convivência entre pares na escola e nos grupos sociais.

Se sabemos que é possível que as preferências individuais sofram influências sociais, será que as escolhas feitas pelas pessoas são calculadas de modo tão preciso a ponto de serem o resultado de seus desejos, como os modelos econômicos supõem? Teórica e academicamente, tratamos as escolhas como se os indivíduos — homens e mulheres — conseguissem calcular exatamente os ganhos e perdas de suas opções individuais tanto no curto quanto no longo prazo. Então, uma mulher que "escolhesse" dedicar seu tempo disponível ao cuidado de filhos pequenos, ao vê-los crescer saberia de antemão o custo pessoal e de perda de valor para o trabalho remunerado. Na vida real infelizmente essas escolhas não são tão explícitas, e muito menos racionalizáveis. A dedicação de horas de trabalho reprodutivo, de perda de tempo de lazer (e sono!) não necessariamente serviriam como habilidades desenvolvidas para encontrar uma recolocação no mercado remunerado quando diminuísse a necessidade de uso do tempo dessas mulheres no cuidado com crianças e afazeres domésticos.

O mercado de trabalho, infelizmente, não costuma valorizar os aprendizados derivados da atividade de cuidado. Aliás, "valor" é uma palavra bastante utilizada para discutir questões a respeito do trabalho reprodutivo e dos trabalhos de cuidado. No início dos anos 2000, Ann Crittenden, jornalista americana, publicou um livro que teve grande repercussão:

The Price of Motherhood: Why the Most Important Job in the World Is Still the Less Valued (em tradução livre: "O preço da maternidade: Por que o trabalho mais importante do mundo ainda é o menos valorizado"). Nele, a autora traz dados e estudos mostrando que, do ponto de vista teórico, a maternidade é considerada um dos trabalhos mais importantes do mundo. Como sociedade, abstratamente entendemos que ser mãe é uma tarefa muito relevante e que permite não só a sobrevivência da espécie humana, mas a criação adequada das nossas crianças, os futuros adultos. Entretanto, na prática, ao não darmos o devido apoio às pessoas — majoritariamente mulheres — que exercem a função da maternidade, sinalizamos que essa valorização não é real. Ter filhos, mesmo nos dias atuais, significa uma alta probabilidade de retrocesso profissional acompanhado de menores salários em relação a mulheres sem filhos e a homens com ou sem filhos — inclusive em países onde existe uma maior igualdade entre os gêneros.[7]

Ann Crittenden era uma profissional de bastante destaque — já havia sido repórter do *New York Times* e indicada ao prêmio Pulitzer — quando passou a sentir mais fortemente o efeito de ter abraçado a maternidade. Ela conta que o que a fez escrever o livro foi uma pergunta que escutou quando pediu demissão do mais importante jornal do país para passar mais tempo com o filho pequeno: "Você não era a Ann Crittenden?". Essa dúvida do interlocutor deixou Ann ciente de que não bastava ter tido sucesso profissional ou continuar trabalhando em meio expediente; qualquer tempo que deixasse de ser utilizado no mercado de trabalho e fosse direcionado ao cuidado — no caso, do filho — a faria ficar longe do ideal da mulher competente e bem-sucedida: Ann não seria mais ela mesma.

O trabalho de ser mãe não necessariamente é considerado um trabalho. Para começar, ele não é remunerado financeiramente, não é contabilizado na economia como parte do Produto Interno Bruto (PIB) e, por fim, não conta para tempo de aposentadoria. Então, quando mulheres decidem usar parte de seu tempo para cuidar dos filhos, elas deveriam fazê-lo sabendo que "é o trabalho mais importante do mundo" e isso supostamente bastaria. Conforme o enredo que Nancy Folbre conta a respeito de robôs que precisariam ser "cuidados" por dezoito anos até se tornarem produtivos, mães, pais e outros familiares fazem esse trabalho essencial para a economia, mas não são reconhecidos por isso.

Valorizamos teórica e filosoficamente o trabalho de cuidado, mas, ao mesmo tempo, não somos capazes de contabilizá-lo como uma produção real, segundo as medidas de produtividade econômica, como o PIB. As economistas Hildete Pereira de Melo e Marta Castilho têm um artigo sobre as características de quem executa o trabalho de cuidado no Brasil e, novamente, chegam à conclusão de que são as mulheres quem o fazem.[8] Mais do que isso, elas destacam a invisibilidade do trabalho reprodutivo ao não ser contabilizado como "produção". Do ponto de vista de estatísticas econômicas, o PIB é, de acordo com o IBGE,[9] "a soma de todos os bens e serviços finais produzidos por um país, estado ou cidade, geralmente em um ano".

A definição fala em "bens" e "serviços". Quando uma pessoa trabalha no emprego doméstico, esse serviço é contabilizado como "produção" e entra no cálculo do PIB. Mas se o mesmo trabalho é feito por uma pessoa que não é *contratada* para isso — por exemplo, uma mulher ou uma adolescente da família —, ele não aparece como produção, ou seja, não é considerado trabalho produtivo para o país. Hildete e Marta são parte do grupo de economistas que discutem como as amarras sociais invisibilizam e desvalorizam o trabalho reprodutivo dentro dessa lógica de que a produção que "conta" é aquela que se remunera, que tem um contrato de compra e venda. Toda a produção não remunerada do cuidado, por mais pesada em termos de dedicação ou importante em termos de sobrevivência, entra como doação ou, muitas vezes, como obrigação para com as próprias famílias. Isso nos mostra que não estamos dispostos, como sociedade, a valorizar de fato esse trabalho. Em especial, um trabalho feito gratuitamente por mulheres.

Em um passado não muito distante, apresentávamos estatísticas sobre homens com filhos que recebiam salários superiores ao de homens sem filhos. Atualmente, com base em dados que acompanham a vida profissional das mesmas pessoas ao longo do tempo, entende-se que a relação de prêmio para a paternidade não necessariamente é causal. Isto é, não é o fato de ser pai que "causa" um aumento no salário dos homens.[10] Existe uma correlação muito forte com as escolhas que os homens fazem ao se tornarem pais, e são essas escolhas que acabam por gerar um aumento de salário significativo para homens com filhos.

Em 2017, a professora da Universidade de Miami Merike Blofield e eu conduzimos uma pesquisa com famílias de baixa renda da cidade de São Paulo.[11] Nela, o foco foi dado a famílias que tivessem ao menos uma criança de até cinco anos em sua residência, pois queríamos entender o impacto da falta de vagas em creches no emprego de pais e mães. Um dos pontos que também investigamos foi a percepção dessas mães e pais a respeito da relação que tinham com o próprio emprego. Não nos surpreendeu ler muitos depoimentos de homens afirmando que a relação deles com o trabalho havia melhorado significativamente após o nascimento dos filhos. Ao aprofundarmos a questão para entendermos o que significava esse efeito positivo, descobrimos que ele era consequência da própria mudança de comportamento dos pais — exatamente como a literatura atual entende a correlação entre o prêmio da paternidade e o comportamento individual dos homens.

Os pais entrevistados nos contavam que, a partir do momento que souberam que seriam pais, eles entenderam a responsabilidade que estavam assumindo e, por isso, passaram a se dedicar mais ao trabalho, faltar menos vezes e, em suma, serem funcionários melhores. Os patrões, segundo eles, percebiam essa dedicação e os recompensavam com mais estabilidade no emprego e salários mais elevados. A escolha dos homens que tinham filhos de trabalhar mais, de forma mais constante e responsável, tinha origem na cultura segundo a qual precisavam ser provedores de suas famílias, e como consequência obtinham maior remuneração por parte do mercado de trabalho. Será que o mesmo ocorreria com as mulheres que eram mães?

Infelizmente não... Sabemos o que a literatura prevê para elas: uma punição pela maternidade. No capítulo anterior, comentamos as penalidades em salários e na intermitência do emprego para as mulheres que têm filhos. Na pesquisa que Merike e eu conduzimos, as mulheres nos contaram essas histórias. Algumas relataram que se sentiam prejudicadas no mercado de trabalho pelo excesso de preocupações que tinham com os filhos. O conflito entre trabalho e família era bastante evidente para uma parte delas. Outras — a maioria — contavam histórias de discriminação e preconceito. Empregadores as questionavam sobre a capacidade de manter a responsabilidade no trabalho depois de terem filhos, a falta de disponibilidade para horas extras ou a inflexibilidade para trabalhar em períodos que não haviam sido previamente acordados.

E por que esses empregadores não externavam as mesmas preocupações com os pais das crianças? Porque, aparentemente, a sociedade entende que a responsabilidade do cuidado é quase que exclusiva das mães. Caso a criança fique doente, é a mãe quem deve se ausentar do emprego para levá-la à consulta médica. Se não existe vaga na creche ou na pré-escola e a família não tem renda suficiente para pagar por uma escola ou cuidador(a) particular, a mãe é quem sai do mercado de trabalho.

Em nossa amostra, 20% das mães entrevistadas, independentemente de morarem ou não com um companheiro,* não trabalhavam por não terem uma creche ou escola para que seus filhos passassem o dia. Entre os pais, a falta de creche ou escola não foi apontada como motivo para não estarem empregados. Esse dado nos fala sobre a questão de responsabilidade com o cuidado.

---

* Embora não fosse uma restrição da pesquisa, nossa amostra contou somente com casais heterossexuais ou mulheres que não tinham companheiro. A amostra foi feita buscando "famílias com crianças de cinco anos ou menos em que ou a mãe, ou o pai ou ambos morassem no domicílio". Nessa amostra por aglomerados — usando bairros com alta densidade de população com renda per capita C, D ou E, não foi intencional a falta de diversidade nas famílias.

E é nessa interseção entre a responsabilidade com o cuidado e a forma como a responsabilidade profissional é vista socialmente que as mulheres acabam penalizadas ao serem mães. Apesar de muitas vezes a renda oriunda do trabalho da mulher ser uma parte relevante das finanças da família, quando falta uma rede de apoio para o cuidado, principalmente com crianças e pessoas adoecidas, são as mulheres que precisam abrir mão do emprego para dedicarem seu tempo às tarefas de cuidado. Ao mesmo tempo, com o aumento da dedicação das mulheres ao cuidado e a consequente diminuição da renda familiar, os homens reagem aumentando o tempo e a dedicação ao mercado de trabalho. Enquanto o sinal que é percebido pelas empresas é o de que as mães e mulheres são "descomprometidas" com seu lado profissional e, como resultado, elas são penalizadas por isso, o oposto ocorre com os homens e pais: a impressão que eles passam é de maior dedicação e, em consequência, são premiados por isso. Enquanto não dermos a real importância para o cuidado como sociedade e não distribuirmos mais equanimemente a responsabilidade dessa tarefa entre homens e mulheres, a penalidade continuará recaindo sobre elas.

A pandemia de covid-19 trouxe à tona as dificuldades em conciliar os papéis de responsabilidade doméstica com os de responsabilidade profissional, em especial para as mães. Durante o período em que as escolas estiveram fechadas — o que durou praticamente dois anos em nosso país —, as famílias precisaram encontrar uma forma de organizar a vida com restrição ao convívio social. Em famílias nas quais ambos os pais puderam trabalhar on-line, ainda assim era necessário encontrar uma forma de atender às necessidades das crianças, em especial as pequenas. Trabalhar de casa e ao mesmo tempo acompanhar demandas (de brincadeiras, higiene, alimentação, obrigações escolares) foi um desafio em muitas casas e um obstáculo ainda maior para as mulheres, como demonstram os dados de inserção no mercado de trabalho no período. O que o ano de 2020 nos revelou foi uma grande saída delas do mercado de trabalho. As mulheres não só não estavam empregadas como também não estavam procurando vagas. A justificativa? Em grande parte dos casos, a dificuldade em manter a sanidade em meio às diversas demandas profissionais — que não tinham mais hora para chegar — e demandas pessoais — que também passaram a ser ininterruptas, pois a convivência com as crianças nesse período tomava as 24 horas do dia.

De forma alguma estamos dizendo que os pais não são responsáveis ou que não tenham sido afetados pelo fechamento das escolas. Afinal, eles mesmos declararam em nossa pesquisa que se tornaram ainda mais responsáveis no trabalho após o nascimento dos filhos. A responsabilidade à qual nos referimos é aquela relacionada às tarefas de cuidado, que compõem parte do tal trabalho reprodutivo. Ainda hoje, os homens *ajudam* a cuidar das crianças ou a fazer tarefas domésticas — pode parecer implicância com um detalhe, afinal é apenas um termo utilizado, mas *ajudar a* é diferente de *ter a responsabilidade por*.

Maria Cristina Bruschini e Arlene Ricoldi, quando juntas na Fundação Carlos Chagas, publicaram um estudo[12] sobre a forma como os homens percebiam a própria participação nas tarefas domésticas. Uma das conclusões da pesquisa qualitativa foi que o trabalho deles não é considerado como o de responsável principal por esse tipo de tarefa, mas sim um trabalho periférico, de ajuda. Quando um homem ajuda a lavar a louça, subentende-se que ele está fazendo essa ação voluntariamente para diminuir a carga de trabalho da pessoa que originalmente seria a responsável por essa tarefa, uma mulher. Ou seja, ele está fazendo um favor para essa mulher. No vídeo citado no início deste capítulo, a tradução com legenda em português traz diversas vezes o termo "ajudar" (*help*, no original em inglês). O pai se pergunta o motivo pelo qual nunca participou ativamente das tarefas domésticas com a esposa. Ele também se questiona sobre o problema social com a educação dos meninos: seu genro estava assistindo à televisão — enquanto a esposa fazia o jantar, falava com alguém do trabalho ao telefone e gerenciava a lição de casa do filho deles — por não ter sido educado a respeito da importância de contribuir com as tarefas domésticas em conjunto com sua esposa.

E aqui, mais uma vez, chegamos ao mesmo ponto: a questão social da educação de meninos e meninas tem um papel vital no tema do cuidado. Meninas são ensinadas — mais do que "programadas geneticamente" — a cuidar de outras pessoas. Ainda na pesquisa de Bruschini e Ricoldi, elas apontam que, entre os dez e os catorze anos de idade, 46% dos meninos declararam cumprir alguma carga de tarefas domésticas enquanto 78% das meninas o faziam.

Essa desproporção na cobrança às meninas na participação das tarefas da casa sem a complementar participação dos meninos nos faz até mesmo entender de forma diferente o fenômeno da geração "nem-nem" — aquela composta por jovens entre quinze e 29 anos que nem estudam nem trabalham. Entretanto, as motivações para essa exclusão acadêmica ou profissional são muito distintas para os meninos e para as meninas.[13] Enquanto 35,4% das meninas desse grupo declararam não procurar emprego porque gastam todo o tempo disponível fazendo tarefas de cuidado — trabalho doméstico, cuidado com crianças etc. —, somente 1,2% dos meninos alegam esse motivo. A razão mais utilizada pelos rapazes que se encaixam no perfil nem-nem, 45,4%, é a falta de emprego próximo à região em que residem. Ou seja, enquanto eles não trabalham por não encontrarem espaço "no mercado", elas não trabalham de forma remunerada por não terem tempo disponível para isso — o que de forma alguma significa que elas não trabalhem. Uma injustiça denominá-las "nem-nem"...

A realidade do trabalho de cuidado para as meninas e a falta de familiaridade com essas tarefas para os meninos começam desde cedo. Meninas ganham bonecas, pequenas máquinas de lavar roupa e tábuas de passar, fogõezinhos, vassouras e outros utensílios domésticos. Brincar de casinha é fazer um jogo da vida real no qual se aprende a cuidar das outras pessoas. Meninos até hoje pouco são incluídos nessas brincadeiras.

No início de 2016, uma escola do Maranhão foi assunto de inflamados debates pelos brinquedos solicitados às famílias.[14] Por meio de uma lista de "material de apoio pedagógico, lúdico e brincadeiras de faz de conta", as famílias foram divididas para levar os itens que seriam usados nas brincadeiras. Aparentemente, a escola acreditou que uma boa forma de dividir o pedido de brinquedos era entre *meninos* e *meninas*. Para os meninos, foram solicitados kits de médico ou bombeiro. Já para as meninas, kits de cozinha ou de cabeleireiro. Com a repercussão negativa na mídia e até mesmo uma queixa no Instituto de Proteção e Defesa do Consumidor (Procon), a escola retirou a lista e justificou o pedido como uma forma de garantir maior diversidade de brinquedos a todos os estudantes.

Algumas pessoas se perguntavam: por que tanto alvoroço com a lista? Afinal, era só uma forma fácil de dividir a compra dos brinquedos. Bem, o "fácil" traduz o que pensamos a respeito de papéis sociais. Seria também fácil dividir a lista de brinquedos por ordem alfabética (por exemplo, até a letra M, as crianças levariam kit de médico e bombeiro e, a partir do N, kits de cozinha e cabeleireiro). O que poderia ter como objetivo a diversificação de objetos lúdicos, na verdade denuncia uma construção social que naturaliza a educação das meninas para o trabalho de cuidado, de limpeza, de embelezamento, enquanto o dos meninos é direcionado para atividades construtivas e de melhor posição social. É nesses atos simbólicos — que parecem tão pequenos, mas são bastante significativos — que o cuidado se torna responsabilidade do feminino e a "ajuda", uma possibilidade para o masculino. Fazer essa lógica ser revertida requer muito mais do que anúncios de sabão em pó, pois ela está imbricada em nossa construção coletiva a respeito dos papéis sociais de cada um dos gêneros.

Na mesma pesquisa que Merike e eu publicamos, abordamos também a divisão de afazeres domésticos entre pais e mães. Embora nossa amostra fosse bastante restrita (apenas quatrocentas famílias foram entrevistadas) e o foco fosse na cidade de São Paulo (o que não necessariamente repercute o restante do país), tínhamos uma grande vantagem em entrevistar tanto pais quanto mães. Em pesquisas sobre tarefas domésticas, como a PNAD-C, por exemplo, um respondente do domicílio fala sobre as horas dedicadas aos afazeres de todos os outros moradores da residência. Dessa forma, montamos um esquema de pesquisa no qual os entrevistadores conduziam a entrevista completa somente com a mulher, sem a presença do homem ou companheiro quando a pesquisa era realizada, e, em seguida, somente o homem respondia aos itens, sem a presença da mulher ou companheira.

Um dos primeiros fatos interessantes que constatamos foi que homens e mulheres concordavam que elas dedicavam muito mais tempo às tarefas domésticas e ao cuidado com as crianças do que eles. Na maior parte dos casais, quando perguntávamos ao homem o número de horas que ele performava tarefas de cuidado e quanto a esposa o fazia, ao confrontar sua resposta com a da companheira, o número "batia", raramente divergia de forma significativa. Então, concluímos que era de conhecimento comum a disparidade no uso do tempo das mulheres com relação ao trabalho reprodutivo.

Outro fato interessante era o real tamanho dessa diferença. Para casais em que ambos trabalhavam de forma remunerada fora do domicílio, as mães declaravam exercer em torno de trinta horas semanais de tarefas domésticas e 39 horas de cuidado com os filhos. Já os pais declaravam cuidar 27 horas semanais das crianças e fazer catorze horas de trabalho doméstico. A compensação do número de horas gasto vinha no trabalho remunerado: as mães trabalhavam, em média, 39 horas semanais e, os pais, 44. Ou seja, o trabalho de cuidado estava sendo gerenciado pelas mulheres e, embora em número muito próximo, os homens gastavam mais tempo com o trabalho no mercado — o remunerado.

Usar a justificativa de que as horas empregadas no mercado remunerado compensam as horas que os homens não usam no trabalho reprodutivo e de cuidado é bastante comum. Pensando nesse tópico, o estatístico Sergio Martins, a economista Ludmila Shiratori e eu estudamos os impactos de características pessoais na participação de homens e mulheres nas tarefas domésticas.[15] Dividimos a amostra de pessoas por número de horas em que participavam do mercado de trabalho. Em seguida, calculamos o número de horas médio que essas pessoas dedicavam às tarefas domésticas. A Tabela 4.1 — uma réplica da que se encontra no artigo de divulgação da pesquisa — mostra que, mesmo para uma faixa de horas de trabalho remunerado similar, as mulheres desempenham um número bastante superior de horas de afazeres domésticos quando comparadas aos homens.

TABELA 4.1: Média de horas semanais de tarefas domésticas versus o número de horas semanais no mercado de trabalho (por sexo e com ou sem cônjuge)

		Média de horas semanais de tarefas domésticas			
		Homens		Mulheres	
		Com cônjuge	Sem cônjuge	Com cônjuge	Sem cônjuge
Horas semanais no mercado de trabalho	Até 14 horas	7h18min	12h24min	34h24min	28h30min
	De 15 a 39 horas	6h6min	11h48min	27h24min	22h24min
	De 40 a 44 horas	5h6min	9h54min	19h54min	16h18min
	De 45 a 48 horas	4h48min	10 horas	19h54min	16h12min
	49 horas ou mais	4 horas	9h12min	18h12min	14h42min

FONTE: R. Madalozzo, S. R. Martins e L. Shiratori, "Participação no mercado de trabalho e no trabalho doméstico: Homens e mulheres têm condições iguais?", *Revista Estudos Feministas*, v. 18, n. 2, 2010.

Para pessoas que trabalham até catorze horas semanais (algo como duas horas por dia em sete dias por semana ou três horas para a semana de cinco dias), os homens declaram cumprir de sete a doze horas semanais de trabalhos domésticos. Já as mulheres que têm essa carga de trabalho remunerado declaram usar de 28 a 34 horas semanais para tarefas domésticas. É mais ou menos o triplo de horas dedicadas aos afazeres domésticos para uma mesma faixa de horas no mercado de trabalho.

Mesmo entre as pessoas que trabalham em período integral (quarenta horas ou mais semanalmente), a participação dos homens nas tarefas domésticas varia de quatro a dez horas semanais. Já as mulheres com o mesmo número de horas dedicadas ao mercado fazem de catorze a vinte horas de trabalho doméstico. Ou seja, na melhor das hipóteses elas realizam o dobro de horas em tarefas reprodutivas. E é interessante que a partir de quarenta horas semanais de trabalho remunerado homens e mulheres alteram pouco o número de horas de trabalho doméstico que desempenham. Isso nos indica que não necessariamente o trabalho remunerado "ocupa" o tempo do trabalho doméstico, mas sim que algo — cultura, sociedade, educação — acaba por definir as "escolhas" relacionadas à dedicação ao trabalho reprodutivo dependendo do gênero da pessoa.

Outro fato que nos chamou a atenção durante a pesquisa foi o comportamento de homens e mulheres ao residirem sozinhos ou com um cônjuge. Usando o senso comum, dividir uma casa ou apartamento com outra pessoa teria o que os economistas chamam de "ganho de escala". Você não precisa limpar duas vezes o mesmo local (um banheiro, por exemplo) por haver duas pessoas morando na mesma casa. Você também não gasta o dobro do número de horas cozinhando quando passa a fazer comida para duas pessoas em vez de uma só. Então, embora a carga de trabalhos domésticos aumente — porque há uma pessoa a mais na casa —, isso não se dá na mesma proporção do aumento do número de moradores. Assim, ambas as pessoas teriam uma diminuição na carga de afazeres domésticos ao passar a dividir o teto com um cônjuge.

No entanto não foi isso que constatamos... Para os homens, ter um cônjuge realmente diminui a carga de trabalhos domésticos. Já para as mulheres a história é bem diferente: aquelas que moram com um parceiro gastam mais horas com tarefas domésticas do que as que não são casadas.* Pelo inesperado desse resultado, procuramos algumas explicações. A mais evidente seria a de que as mulheres com cônjuge têm filhos — ou um número maior de filhos do que as que não o têm — e, por isso, teriam o aumento do número de horas de trabalho doméstico. Entretanto, ao analisarmos dados da presença ou não de crianças no domicílio, percebemos que o aumento da carga de trabalho doméstico não era devido a elas... Uma mulher com filhos e sem cônjuge usa menos

---

* Uso livremente esse termo. Nos dados da PNAD, base utilizada para a pesquisa, não era possível identificar se o casamento era formal ou não. Tínhamos somente a declaração da relação com o(a) chefe da família. Então, quando existia uma pessoa na família que se denominava "cônjuge do(a) chefe", classificamos como tendo um cônjuge no domicílio. Alguns estudos indicam que casais que coabitam sem terem laço formal de casamento distribuem de forma mais igualitária o trabalho reprodutivo. No próximo capítulo, quando abordaremos diferentes formas de compor famílias, discutiremos esse tema.

tempo no trabalho reprodutivo do que mulheres sem filhos e com cônjuge. Nossa conclusão foi de que homens em casa acabam por gerar mais necessidade de dedicação aos afazeres domésticos do que crianças!

Mas não seria justo afirmar que todo homem gera mais trabalho para a companheira. Nesse mesmo trabalho, procuramos entender dinâmicas demográficas e sociais que permitissem um melhor compartilhamento do cuidado. Descobrimos mais dois fatos interessantes.

O primeiro deles é relacionado ao que chamamos de poder financeiro. Existem diversas formas de definir o que seria esse poder e, no caso desse artigo, usamos como medida de poder o percentual da renda da família pelo qual cada pessoa era responsável. Por exemplo, em uma família com somente duas pessoas recebendo renda (de salário ou outro tipo de remuneração), suponhamos que ambas recebessem o mesmo valor. Nesse caso, o poder de cada uma delas seria de 50%, meio a meio cada membro do casal. Já se a pessoa A tivesse uma renda que representasse o dobro da renda recebida pela pessoa B, então a medida de poder seria de 67% para a pessoa A e 33% para a pessoa B.

Ao usarmos essa variável em nosso modelo, confirmamos que o poder financeiro afeta negativamente o número de horas de trabalho doméstico: quando a pessoa recebe uma remuneração mais elevada na renda da família, o poder de barganha — negociação suposta entre os membros do casal para definir quem lava a louça, quem é responsável por levar o cachorro passear etc. — permite que ela faça menos tarefas domésticas. Mais do que isso, porém, o efeito nessa diminuição da carga de trabalho doméstico é muito mais elevado para as mulheres do que para os homens. O ganho de 1 ponto percentual no poder financeiro da família implica uma diminuição de oito horas semanais de tarefas domésticas para as mulheres e duas horas para os homens. Para ficar mais claro, segue um exemplo: vamos imaginar uma família na qual ambos no casal trabalhem fora de casa — eles não têm filhos ou os filhos apenas estudam — e obtenham renda somente dos próprios trabalhos (isto é, não existe renda de aluguéis ou aplicações financeiras). Podemos começar partindo do ponto em que o marido recebe 5 mil reais por mês e a esposa, 4 mil. Assim, ela estaria recebendo 44% da renda familiar. Para aumentar em 1 ponto percentual seu poder financeiro na família, ela precisa receber 45% da renda familiar. Mantida a renda do marido, sua remuneração tem que passar de 4 mil reais para 4160 reais. Nesse caso, o aumento de 4% na renda da esposa faria seu poder de barganha dentro da família aumentar e, com isso, diminuiria sua participação nos afazeres domésticos.

Aqui é importante nos darmos conta de que o valor parece pequeno — somente 160 reais —, entretanto o percentual de 4% de aumento de renda não é tão pequeno assim. E, para rendas maiores, o aumento da participação na receita da família de apenas 1 ponto percentual pode ser ainda maior. Isso significa que esse aumento de participação conta, muitas vezes, com uma progressão na carreira (promoções, por exemplo) e maior visibilidade do trabalho da mulher. Dessa forma, a interseção entre mercado de trabalho e trabalho reprodutivo — dentro da própria unidade familiar — é parte da estrutura que mantém diferenças de responsabilidade entre homens e mulheres.

Esse resultado também aponta para a direção de que entender a dinâmica dos casais e a forma como damos valor tanto ao dinheiro quanto ao cuidado é importante para pensarmos em incentivos à melhor distribuição das tarefas reprodutivas entre os membros das famílias. Se no fundo o que importa é quanto cada um traz de dinheiro no final do mês, aquele que recebe menos fica "responsável" por cuidar do trabalho reprodutivo: casa, filhos etc. Quando passamos a entender que o cuidado, a manutenção dos bens em comum e o tempo que passamos juntos são importantes, então as tarefas ligadas ao trabalho reprodutivo passam a não ser somente um "peso", mas trazem em si um benefício: uma dedicação que tem retorno em si mesma. Entretanto, fomos e continuamos sendo educados para acreditar que esse retorno é mais importante para "mães" do que para "pais". A divisão sexual do trabalho nos leva a ter locais de atuação mais importantes para um gênero do que para o outro e, com isso, perpetua as diferenças entre homens e mulheres na sociedade como um todo.

Além desse resultado, também descobrimos que a educação formal afeta significativamente o número de horas de trabalho reprodutivo desempenhado. Para homens, quanto maior for o nível de educação formal deles, maior é a dedicação ao trabalho doméstico. Já para elas ocorre o contrário: mulheres com mais anos de estudo gastam menos tempo nos afazeres de casa. Ao mesmo tempo que essa é uma boa notícia — pois parece que as famílias com maior nível educacional têm melhor distribuição de tarefas domésticas entre os gêneros — também é um retrato da desigualdade social em nosso país. Não necessariamente são os homens mais educados que estão cumprindo a carga de trabalho reprodutivo que as mulheres mais educadas deixaram de fazer, até porque eles aumentam menos o número de horas dedicadas aos afazeres domésticos (duas horas) do que elas diminuem sua participação pelo aumento da renda (oito horas). Parte da diminuição dos afazeres domésticos pode ser creditada à possibilidade de essas famílias comprarem utensílios domésticos que auxiliam nas tarefas de casa — como máquinas de lavar roupa ou louça, por exemplo. Mas uma parcela significativa desses afazeres acaba sendo destinada a uma pessoa remunerada para isso, e ela geralmente é mulher, pobre, com baixo nível educacional e negra. Profissão? Empregada doméstica (ou diarista).*

Diversos estudos do Ipea mostram as características das pessoas que exercem de forma remunerada o trabalho doméstico.[16] É importante distinguirmos o trabalho doméstico remunerado, uma profissão, e o exercício das tarefas domésticas, em geral não remunerado e parte do trabalho reprodutivo das famílias. Em comum, ambos são exercidos majoritariamente por mulheres. Enquanto 1% dos trabalhadores do sexo masculino exercem profissões ligadas ao trabalho

---

* A pesquisa que utilizamos no artigo, a PNAD, não permite estimar a contratação de uma empregada doméstica ou diarista nos lares entrevistados (só é possível sabermos dessa contratação quando a empregada doméstica reside no domicílio em que trabalha, o que é mais raro atualmente). Dessa forma, a conclusão do uso de eletrodomésticos e da contratação de mão de obra auxiliar para os afazeres domésticos vem do fato de que a redução no número de horas de dedicação aos afazeres domésticos por parte das mulheres não é compensada na mesma medida pelo aumento das horas pelos homens.

doméstico, em torno de 15% das mulheres que participam do mercado de trabalho estão nesse tipo de atividade.

Quando pensamos em divisão de cor/ raça, percebemos ainda mais claramente uma segregação desses trabalhos de cuidado — mesmo que remunerados. Em 2018, 10% das mulheres brancas com dezesseis anos ou mais ocupadas no mercado remunerado exerciam a profissão de trabalhadoras domésticas. Entre as mulheres negras da mesma faixa etária, 18,6% o faziam. Ou seja, a proporção de mulheres negras empregadas como trabalhadoras domésticas é quase o dobro da proporção de mulheres brancas na mesma função.

O trabalho doméstico é, sem dúvida, de grande valor social. Por "valor social" entendemos algo mais amplo do que somente o valor econômico do trabalho em si — quantas horas a pessoa trabalha ou quanta roupa ela lava em um dia, por exemplo; trata-se do que esse tipo de trabalho representa de forma mais ampla para a sociedade e para as famílias. Se estivéssemos no contexto de economia das empresas, seria o mesmo que falarmos do impacto de ESG (sigla em inglês para Governança Ambiental, Social e Corporativa — *Environmental, Social and Corporate Governance*) em vez de puramente falarmos de lucros.

No passado, muitas famílias se apoiavam no cuidado — sem remuneração — com crianças pequenas, com confecção de refeições e, até mesmo, limpeza das casas. Com o passar do tempo e a maior inclusão das mulheres no mercado de trabalho, as avós que estavam disponíveis para esse cuidado deixaram de estar. As babás, cuidadoras (de idosos e pessoas adoentadas), empregadas domésticas e diaristas que se ocupavam dos lares foram ficando cada vez mais responsáveis por esse apoio e complementação nos trabalhos "de cuidado".*

Entretanto, ter um valor social e ter o reconhecimento desse valor são coisas muito diferentes. Um dos indicadores do reconhecimento do valor de um trabalho, para além do salário pago, é a formalização do vínculo empregatício. Pessoas com emprego formal têm um vínculo mais seguro e estável com o trabalho e com a remuneração. Se adoecem, por exemplo, podem continuar recebendo remuneração via auxílio-doença. Se têm filhos, recebem licença-maternidade. Se forem demitidas, mantêm o poder aquisitivo via recebimento do FGTS e do seguro-desemprego. Embora pouco mais de metade da população ocupada do Brasil tenha vínculo formal de trabalho, quando falamos de empregadas domésticas essa proporção se reduz drasticamente. Em 2018, somente 28,6% dessas profissionais tinham carteira assinada. Entre as empregadas domésticas brancas, essa porcentagem chegava a 30%, e entre as negras era de 27,5%.[17] Ou seja, até mesmo na precariedade do vínculo empregatício a cor/ raça as distingue e discrimina.

Muito se fala sobre a relação entre o emprego doméstico e os resquícios da escravidão no Brasil. Um artigo[18] publicado

---

* E, nesse ponto, precisamos pensar que esse contingente de trabalhadoras domésticas não está a serviço somente das mulheres que foram para o mercado de trabalho. Elas trabalham para famílias — homens e mulheres — que não necessariamente faziam (ou fazem) uma boa distribuição do trabalho de cuidado, responsabilizando mais fortemente as mulheres por esse trabalho reprodutivo, independentemente de sua classe social. Então, desse ponto de vista, a própria trabalhadora doméstica entra como mais uma alternativa para que as famílias não precisem rever os papéis sociais de segregação ocupacional mesmo dentro de seus lares.

em 2008, escrito pelo economista e doutor em sociologia Marcelo Paixão e pelo historiador Flávio Gomes, traça a relação das mulheres negras, historicamente, com o trabalho remunerado — seja ele doméstico ou não, desde a época da escravidão até a atualidade. Se no passado a luta dessas mulheres era pela liberdade, pela possibilidade de trabalhar e deixar para a família algo de concreto como herança — e muitas o fizeram, embora tenham sofrido o apagamento histórico de suas conquistas —, o impacto do período da escravidão permanece até hoje. São as mulheres negras as mais vulneráveis no mercado de trabalho. De acordo com os dados da época da pesquisa, enquanto aproximadamente 40% dos homens brancos e 33% dos negros exerciam uma profissão assalariada com carteira assinada (vínculo formal de trabalho), somente 22% das mulheres negras tinham essa segurança no emprego. E, ao falarmos sobre emprego doméstico, uma em cada cinco mulheres negras o exercia.

O trabalho doméstico remunerado guarda muitos elementos do período escravocrata, de modo que a condescendência dos empregadores afeta a forma como as próprias trabalhadoras exercem suas funções. No livro *Eu, empregada doméstica: A senzala moderna é o quartinho da empregada*,[19] a autora Preta Rara traz relatos de mulheres que trabalharam, trabalham ou são próximas a pessoas que foram empregadas domésticas. O livro é o resultado da coleta de depoimentos que a autora recebeu após a construção de uma página com nome "Eu, empregada doméstica". Abuso sexual, violência física e psicológica e histórias de preconceito são abundantes. Embora o trabalho doméstico remunerado e todo o trabalho de cuidado sejam considerados "de valor", infelizmente ainda temos empregadores que não deixam as funcionárias fazerem suas refeições usando a louça que a família utiliza ou mesmo comerem alimentos disponibilizados a eles, por exemplo. Não é raro a pessoa que cozinha não poder comer parte do prato que preparou.

Em um podcast que fez muito sucesso em 2022, *A mulher da casa abandonada* o jornalista Chico Felitti narra a história da herdeira de uma família rica paulistana suspeita de manter, junto com o marido, uma empregada doméstica em trabalho análogo à escravidão por duas décadas. Levada aos Estados Unidos pelo casal em 1980, a empregada parou de receber remuneração por seu serviço e não tinha condições salubres de existência, morando em um porão sem janelas e tomando banho sem um banheiro com infraestrutura mínima. A justificativa da defesa de um de seus patrões — o único que foi julgado pela Justiça americana; porque o outro, "a mulher da casa abandonada", voltou fugida ao Brasil — foi de que ela era tratada como "uma pessoa da família". Muitas vezes, em nome de uma suposta ligação afetiva, deixa-se de tratar as trabalhadoras domésticas como trabalhadoras de fato. E, para além da relação empregador-trabalhador, a ligação afetiva se desfaz assim que essa trabalhadora não atende mais aos desejos de seus contratantes.

Além de falar de trabalho doméstico remunerado, como sociedade precisamos discutir nossas redes de apoio, que passa por horários de creches, pré-escolas e escolas que possibilitem a participação no mercado de trabalho dos responsáveis pelas crianças. Embora o cuidado com elas não seja de exclusiva responsabilidade das mães, como vimos são as mulheres as excluídas do mercado de trabalho quando não existem vagas suficientes em creches e demais redes de ensino sem disponibilidade de tempo integral para as crianças.

Em uma cidade como São Paulo, sabemos que o tempo de locomoção entre a casa e o local de trabalho é bastante relevante. Segundo a Pesquisa Nacional de Saúde de 2019,[20] em média os brasileiros gastam 4,8 horas semanais em deslocamentos para trabalhar. Entretanto, em São Paulo, como em muitas outras capitais, o tempo é bastante superior à média: de acordo com os dados do IBGE, na maior cidade do Brasil os trabalhadores gastavam, em média, 7,8 horas semanais em locomoção. Se pensarmos em cinco dias úteis por semana, isso daria em torno de uma hora e meia de transporte por dia. E lembrando que esses valores são "médios": pessoas que se deslocam em transporte privado diminuem a média e as que usam transporte público e moram mais longe do local de trabalho, aumentam. Na pesquisa que Merike e eu realizamos com famílias de baixa renda em São Paulo, moradores da periferia da cidade, as mulheres declaravam gastar oito horas semanais em transporte entre suas residências e os locais de trabalho.

Pensar em um transporte eficiente e seguro para qualquer pessoa — independentemente do sexo, orientação sexual, cor/raça, idade, só para dar alguns exemplos — facilitaria não só a locomoção casa-trabalho, mas também permitiria que as pessoas conseguissem organizar a própria vida no âmbito pessoal com maior autonomia. Depender de transporte público precário em uma cidade grande pode se tornar mais um empecilho para o trabalho e para a saúde mental e física — como no caso de mulheres que sofrem abuso sexual no próprio trajeto casa-trabalho.

Por que o transporte é uma questão relacionada ao cuidado? Porque, para as pessoas que dependem de redes de cuidado (creches, cuidadores, alguém que substitua suas horas de trabalhos reprodutivos), não basta que as instituições de ensino estejam funcionando só no turno da manhã ou da tarde pelo período de quatro a seis horas. Mesmo que a criança entre na escola às sete da manhã, se ela voltar para casa à uma da tarde, pais e mães precisam da tal rede de apoio que permaneça com a criança até voltarem de seus locais de trabalho.

Os arranjos necessários para que pais e mães possam ter o direito de participar da vida produtiva fora e dentro de suas casas são bastante amplos. Precisamos pensar no recorte do cuidado com crianças. São necessárias creches, pré-escolas e escolas em tempo integral para que ambos os responsáveis tenham a possibilidade de escolher participar do mercado de trabalho. É importante darmos atenção integral e complementar para crianças em idade escolar, como disponibilidade de atividades esportivas ou culturais no contraturno para crianças maiores e adolescentes para que não abandonem a escola antes de concluírem no mínimo o ensino médio, e tenham a oportunidade de se profissionalizar. Precisamos pensar ainda nos períodos de férias — que podem durar meses — e que essas famílias precisam providenciar cuidado às crianças também nessa época do ano.

Com relação à saúde, precisamos rever a disponibilidade de atendimento em Unidades Básicas de Saúde (UBS) em horários alternativos aos de trabalho. As pessoas que têm hora certa para chegar ao trabalho muitas vezes precisam faltar ou se atrasar para cumprirem a agenda de consultas marcadas através do Sistema Único de Saúde (SUS). O agendamento de consultas privilegiando pessoas que estão no mercado de trabalho e mães — em geral as responsáveis por levar os filhos ao médico — também é uma possibilidade. Se isso acontecesse, possivelmente o preconceito de empregadores pelas possíveis faltas e atrasos dessas pessoas* diminuiria.

Essas amarras sociais que nos dividem não só em termos de gênero, mas também por nossas diferenças de cor, origem social e ambiente de trabalho, são as que sustentam uma sociedade discriminatória e preconceituosa, na qual o cuidado e a atenção são propagados como valores, mas apenas como discurso, não efetivamente como prática. Se o trabalho de cuidado fosse de fato valorizado, homens e mulheres gastariam mais tempo com ele. O trabalho remunerado não serviria de desculpa para o que deixamos de fazer em nossa casa e por nossa família, e aí sim ele seria o trabalho mais importante do mundo...

---

* Dada nossa configuração social, essas "pessoas" em geral são as mães das crianças. Entretanto, no próprio texto usamos o termo englobando os pais também para sinalizar a importância da divisão na responsabilidade do cuidado.

5. Família, a origem das decisões

Em fevereiro de 2014, a Câmara do Deputados colocou em votação uma enquete com a pergunta: "Você concorda com a definição de família com núcleo formado a partir da união entre homem e mulher, prevista no projeto que cria o Estatuto da Família?". As respostas possíveis eram "sim", "não" ou "não tenho opinião formada". Qualquer pessoa poderia participar da enquete e se posicionar a respeito do tema. No entanto, depois de um ano e seis meses, isto é, em agosto do ano seguinte, a Câmara dos Deputados fechou a votação por suspeita de fraude. Supostamente mais de 10 milhões de pessoas participaram da enquete, mas análises por parte do Centro de Informação da Câmara dos Deputados indicavam que havia excessivos votos vindos de um mesmo endereço (IP) de computador e de que o número de votos em algumas cidades superava — em muito — o número de moradores delas![1] Ao fechar a votação, o "não" vencia com 51,6% dos votos. Entretanto, havia suspeita de fraudes tanto para o "sim" quanto para o "não".

 A pergunta que fica desse caso é: por que uma votação praticamente simbólica — afinal, são os deputados quem têm o poder de escolha a respeito da definição e inclusões legais na legislação do país — teve tamanha repercussão? A explicação é que o tema "família" trata não só de fatores legais — como possibilidade de heranças, divisão de bens e cobertura de planos de saúde — mas também de fatores culturais. A proposta do PL nº 6583, de 2013,² de fechar o conceito de família restringindo-a a casamentos ou uniões estáveis apenas entre um homem e uma mulher atacava diretamente a possibilidade de relações homoafetivas oficialmente reconhecidas. Excluir famílias não tradicionais — em especial, mas não de modo exclusivo, casais do mesmo sexo — reforça os preconceitos, a discriminação e a marginalização de pessoas pertencentes a essas uniões. Embora já tenhamos aprovação pelo STF sobre a legitimidade das uniões homoafetivas e sua validade como formadoras de núcleos familiares — inclusive por meio do casamento, que não pode ser negado pelos cartórios brasileiros —, esse tipo de união não é explicitamente citado nem na Constituição Federal nem no Código Civil, o que significa uma brecha para possíveis alterações de lei e o risco de um retrocesso legislativo.*

Do ponto de vista econômico, as garantias com relação à formação de famílias são extremamente importantes. São as famílias que tomam decisões sobre participação no mercado de trabalho, investimento em educação de crianças e jovens

---

* Um exemplo disso ocorreu em outubro de 2023, quando a Comissão de Previdência, Assistência Social, Infância, Adolescência e Família (CPASF) aprovou o relatório de um deputado federal a respeito do PL nº 5167, de 2009, para a não equiparação da união homoafetiva ao casamento entre um homem e uma mulher. Enquanto este livro está sendo escrito, não temos ainda uma definição sobre a questão, que precisará passar por outras comissões antes de seguir e ser votada, tanto no plenário da Câmara dos Deputados como do Senado. Mesmo que depois de todo esse trâmite o PL ainda possa ser vetado pelo Executivo, o risco de um retrocesso é presente.

e o próprio consumo de bens. Famílias à margem da legislação podem ter mais e maiores dificuldades em, por exemplo, transferir renda de uma geração para a outra, deixar o benefício da aposentadoria de um parceiro para o outro, ter a cobertura de assistência médica financiada pelos empregadores ou até mesmo manter a guarda dos filhos em caso de morte de um dos genitores.

A necessidade de tratamento igualitário e de garantias legais para todos os tipos de família é vital para que as pessoas consigam planejar o próprio futuro. Imagine um casal que trabalhe e consiga poupar parte de seus rendimentos. Essas pessoas podem tanto se programar para comprar uma casa própria quanto consumir o dinheiro em bens não duráveis (viagens, roupas, restaurantes, por exemplo) ou até mesmo continuar investindo o montante reservado para utilização no período de aposentadoria. Parte desse planejamento, incluindo a decisão de se constituir ou não como uma família, passa pela questão da taxação sobre os rendimentos.

Lee Badgett é uma economista feminista e professora da Universidade de Massachussets Amherst. Lee tem como foco de sua pesquisa os impactos econômicos que pessoas de diferentes orientações sexuais sofrem a partir de regras e políticas governamentais que acentuam desigualdades. Um exemplo é um estudo que mostrava, em 2007, que casais homoafetivos pagavam, em média, mais de mil dólares por ano de taxas adicionais quando comparados a casais heterossexuais com rendimentos iguais.[3] Como isso acontecia?

Em parte tratava-se de benefícios de seguro-saúde pagos pelos empregadores. Para os casais heterossexuais, esses benefícios não eram taxados. Para os casais homoafetivos, eram contabilizados como "rendimento adicional" e, por isso, tributados no imposto de renda, perdendo a isenção concedida aos casais heteronormativos. A partir do relatório divulgado pelo UCLA Willliams Institute, do qual Lee é diretora de pesquisa, diversas empresas passaram a pensar em formas alternativas para que os custos dessa taxação adicional não incorressem na renda de casais homoafetivos.[4] Quando os casamentos são equiparados, independentemente do sexo dos cônjuges, esse tipo de distorção distributiva deixa de existir.

E muitas outras distorções ocorrem quando nos referimos à economia da família. Tradicionalmente, a economia tratava família como um agrupamento de pessoas com dois parceiros e seus filhos. Gary Becker, Nobel de Economia que já citamos anteriormente, apresentava um modelo econômico no qual a especialização dos parceiros possibilitava o máximo de bem-estar — os economistas chamam de "utilidade" a medida de bem-estar das pessoas — para todos os membros da família. É a partir desses modelos que se justifica que um dos parceiros, majoritariamente um homem, se especialize no mercado de trabalho, que é remunerado, e o outro parceiro, majoritariamente, uma mulher, se especialize na produção doméstica — o trabalho reprodutivo e de cuidado, não remunerado, do qual falamos no último capítulo. Esse modelo supõe que as escolhas individuais levam em consideração os desejos de todos os membros da família e que essa família permanece na mesma configuração, que se autossustentaria.

Economistas feministas foram as primeiras a contestar a validade dessa forma de pensar, que pressupõe um equilíbrio de médio e longo prazo que não se sustenta. Marianne Ferber, Francine Blau e Anne Winkler escreveram um livro intitulado *The Economics of Women, Men, and Work* (em tradução livre: "Economia de mulheres, homens e do trabalho"), no qual mostram algumas das contradições dos economistas que as precederam, para além das questões que já levantamos sobre o determinismo biológico que privilegiaria as mulheres na função do cuidado.

A especialização em trabalho remunerado e não remunerado pressupõe uma igualdade de valorização entre os dois tipos de atividade. Na vida real, embora muitas mulheres estejam fora do mercado e se dediquem integralmente ao cuidado da família, a pessoa que está empregada e recebendo remuneração em geral tem uma situação de poder que a favorece dentro do grupo familiar. Muitos economistas tratam dessa situação falando de "barganha intrafamiliar". Nessa barganha, decisões sobre dedicação aos afazeres domésticos, gastos e alocação de tempo em geral são ponderadas pelo poder que cada membro da família tem com relação aos outros.

Imagine um casal em que o marido trabalha em uma empresa e a mulher tenha optado por ficar em casa e ser responsável pelo cuidado com os filhos. Quando uma das crianças fica doente, é esperado que ela seja a pessoa que leve a consultas médicas, dê os medicamentos no horário indicado, acorde durante a noite para acompanhar o curso da doença. Ela pode fazer isso muitas vezes ao longo dos anos. Nessa configuração familiar, o marido e pai da criança, por sua vez, é responsável por trazer o dinheiro suficiente para que essa família tenha acesso a todos os bens necessários — alimentação, transporte, gastos adicionais de saúde etc. Diversas situações, inesperadas ou totalmente esperadas, podem ocorrer. E se esse homem perder o emprego, como fica a família em termos de renda?

Como foram feitas as decisões entre consumo e poupança ao longo dos anos? Eles economizaram o suficiente para sobreviver dignamente a um período sem receber salário ou será necessário que nessa circunstância também a esposa passe a procurar alguma alternativa de rendimento? E, se essa mulher decidir voltar ao mercado, como será recebida após anos afastada do ambiente de trabalho remunerado, mesmo que seja qualificada profissionalmente? E quando os filhos crescerem, como será a configuração dessa família? Todos esses questionamentos e as situações que eles englobam fazem parte da vida real das famílias. Decisões que parecem muito pequenas e insignificantes tomam uma proporção grande ao longo do tempo.

Do ponto de vista prático, sabemos que as escolhas profissionais — em especial as renúncias — têm um peso a longo prazo. Uma mulher que opta por pausar sua vida profissional ou tem a possibilidade de diminuir o ritmo da atividade remunerada — trabalhando em meio período, por exemplo — para estar mais próxima dos filhos quando pequenos sabe que pagará um preço por essa opção. E é importante nos darmos conta de que essas escolhas às vezes são "escolhas", mediadas tanto pela falta de creches, pré-escolas e escolas quanto pelo julgamento moral da sociedade. A maioria das mães que Merike Blofield e eu entrevistamos em 2012 e que não tinham quem cuidasse de seus filhos para que pudessem trabalhar em suas profissões estavam ansiosas, independentemente da carreira em que atuavam, para retornar ao mercado de trabalho.[5] Uma parte delas não escolheu ficar em casa por preferência, e sim aceitou essa condição para satisfazer um desejo do marido, o pai da criança. As decisões individuais sofrem um peso muito grande da influência social e da educação a que somos submetidos. Mesmo tendo consciência da importância da responsabilidade individual, tratar o tema das decisões familiares acerca do cuidado como algo desvinculado é responsabilizar excessivamente uma pessoa — em geral a mulher/ mãe — pelo bem-estar coletivo.

Em uma sociedade que valoriza mais o trabalho remunerado do que o não remunerado, é fácil percebermos que existem dificuldades que norteiam diversas dessas decisões. A própria manutenção do casamento é uma delas. Johanna Rickne e Olle Folke, economistas suecos, estudaram os padrões de casamento e divórcio entre profissionais muito bem-sucedidos na Suécia. Utilizando dados de empresas com cem ou mais funcionários e dados do setor público, eles concluíram que o fato de uma mulher chegar ao cargo de presidenta de uma empresa faz com que as chances dessa executiva se divorciar após três anos da promoção sejam duas vezes maiores que as chances de divórcio para um homem que tenha alcançado cargo igual. O mesmo ocorria para mulheres que venciam eleições ou ascendiam em cargos políticos. Ou seja, o sucesso profissional era acompanhado de uma quebra no padrão familiar já estabelecido.[6]

Esses dados mostram algo que permeia as relações familiares. Existe um equilíbrio de forças que estrutura a formação das famílias. Em uma sociedade patriarcal e conservadora — mesmo em profissões bastante liberais e supostamente mais progressistas —, ainda é esperada uma certa especialização no trabalho que privilegie o mercado remunerado e o sucesso profissional para os homens. É estranho para grande parte das famílias — em especial nos casais heterossexuais — quando a mulher conquista um grande sucesso profissional. A divisão dos afazeres domésticos, a realocação do tempo para a organização familiar e o próprio remanejamento de atividades conjuntas de lazer — passear, viajar, ir ao cinema — podem ser conflituosos a ponto de propiciarem uma maior taxa de divórcios.

Se a teoria de Becker fosse adequada à realidade em que vivemos, independentemente do parceiro que tivesse mais sucesso profissional — o marido ou a esposa —, a suposta divisão especializada do trabalho seria benéfica a ambos e a probabilidade do relacionamento ser mantido independeria da pessoa que é responsável pelo sustento da família. Entretanto, sabemos ser muito mais comum a manutenção de uniões nas quais o homem é o responsável pela saúde financeira da família e a mulher, pela estrutura de cuidado. Percebemos, assim, a importância da cultura e de discussões atreladas aos componentes de percepção de gênero para debates sobre família.

Outro ponto extremamente relevante em grande parte dos países — e ainda mais no Brasil — são famílias encabeçadas por um só adulto. O Gráfico 5.1 mostra os dados a respeito das composições familiares a partir do Censo Demográfico 2010, produzido pelo IBGE.

Embora 72,6% dos domicílios sejam compostos por casais com ou sem filhos, residindo ou não com parentes, 18,6% das famílias são consideradas "monoparentais". Esse termo é utilizado para designar famílias com somente um dos pais — homem ou mulher — vivendo com os filhos, podendo ou não haver outros parentes no mesmo domicílio. Podemos perceber no gráfico que, dessas famílias, 87% são chefiadas por mulheres.

GRÁFICO 5.1: Percentual de famílias por composição (Brasil, 2010)

Composição	%
Casal com filhos	49,40%
Casal com filhos e parentes	5,50%
Casal sem filhos	17,70%
Casal sem filhos e com parentes	2,50%
Homem sem cônjuge com filhos	1,80%
Homem sem cônjuge com filhos e com parentes	0,60%
Mulher sem cônjuge com filhos	12,20%
Mulher sem cônjuge com filhos e com parentes	4%
Outros	6,30%

FONTE: IBGE, Censo Demográfico 2010.

De acordo com dados do site Gênero e Número,[7] utilizando dados da PNAD-C de 2018, das 11,4 milhões de famílias chefiadas por mulheres sem cônjuge e com filhos menores de catorze anos de idade, 7,8 milhões eram chefiadas por mulheres negras. Adicionalmente, ao pensamos em percentual de famílias vivendo abaixo da linha de pobreza — cuja renda per capita é inferior a 5,50 dólares por dia —, 29% das famílias compostas por casais com filhos estavam nessa categoria. Para famílias monoparentais de mulheres brancas, 40% se encontravam abaixo da linha da pobreza. Já nas famílias monoparentais de mulheres negras, esse número subia para 63%!

O percentual de famílias monoparentais chefiadas por mulheres brancas e que se encontram abaixo da linha de pobreza é 38% superior ao de famílias de casais com filhos. E o percentual de famílias monoparentais abaixo da linha da pobreza comandadas por mulheres negras é 57% superior ao percentual dessas famílias chefiadas por mulheres brancas. Esses dados expõem ainda mais claramente a situação de discriminação e menor acesso a oportunidades em que mulheres, em especial as negras, se encontram.

Famílias monoparentais com as mães como chefes de família são uma realidade em nosso país, como vemos pelos números. A divisão das tarefas acaba por ser feita com seus filhos, em especial com as filhas. Quando olhamos as estatísticas de jovens que não trabalham nem estudam, grande parte das meninas e mulheres que aí se incluem faz tarefas domésticas e cuida de seus irmãos mais novos para que a mãe, provedora principal da casa, consiga trabalhar.

Todas as dificuldades que retratamos nos capítulos anteriores — precarização dos vínculos trabalhistas, discriminação contra as mulheres e pessoas negras no mercado de trabalho, informalidade e altos níveis de desemprego entre mulheres e jovens — se somam umas às outras, tornando essas famílias cada vez mais vulneráveis. Na pesquisa que conduzi com Merike, também analisamos mães que não viviam com os pais de ao menos um dos filhos e o tipo de apoio emocional e financeiro que elas recebiam desses homens.

Em nossa amostra, 37,5% das famílias tinham ao menos uma criança que não vivia com o pai biológico. Dois terços dessas crianças viviam com a mãe sem nenhum companheiro. Um terço vivia com a mãe e um companheiro que não era seu pai biológico. Não encontramos nenhuma criança vivendo com o pai (com ou sem companheira) e sem a presença da mãe biológica.

Das famílias que entrevistamos, somente 27% tinham um acordo judicial caracterizando a guarda dos filhos, valores financeiros a serem pagos pela parte não residente ou acordos sobre visitas às crianças. Mesmo sem acordo judicial, 80% dos pais contribuíam ao menos eventualmente com ajuda financeira. Aqui, é importante ressaltar o "eventualmente": sem um acordo judicial, a maior parte dos pais participa com alguma quantia "quando pode". Essa contribuição com valores esporádicos não permite a organização financeira por parte das famílias — em especial as monoparentais — e faz com que a responsabilidade e o estresse financeiro sejam ainda maiores do que seria esperado em uma situação de separação, divórcio ou guarda unilateral dos filhos.

Quando calculamos somente o percentual de homens que pagam a contribuição alimentícia regularmente, somente 35% dos pais separados das mães das crianças o fazem. No Brasil, a pensão alimentícia é devida para filhos menores de dezoito anos ou filhos até 24 anos que ainda estejam estudando (curso técnico, ensino básico ou universitário, inclusive cursinho pré-universitário). Mesmo que a pessoa que tenha a guarda dos filhos receba salários superiores ao do ex-cônjuge, seja pai ou mãe, a pensão alimentícia é um direito dos filhos. Em geral, ela é estipulada judicialmente utilizando como base tanto as possibilidades de pagamento do progenitor que não tem a guarda quanto as necessidades dos filhos. Quando a pensão não é paga, a parte lesada — mãe ou pai que não recebeu a pensão — tem a alternativa de entrar com pedido na Justiça, e a pessoa que não pagou pode ser presa. Aliás, é esse cumprimento da ordem de prisão que faz com que muitos pais (no Brasil geralmente o pai não fica com a guarda dos filhos) acabem por cumprir com suas obrigações para com os filhos. Entretanto, muitas mães deixam de reclamar seus direitos justamente por não quererem que o pai de seus filhos seja preso. Foi o que escutamos de muitas delas em nossa pesquisa de 2012.

Por fim, nesse estudo constatamos um outro dado muito impactante: menos de 5% dos pais não residentes com seus filhos fazem visitas com periodicidade semanal às crianças. Esse é um resultado da própria legislação e da cultura em nosso país. O incentivo para guarda compartilhada é recente, e grande parte das crianças fica sob a guarda unilateral da mãe. Não existe um limite mínimo ou máximo de dias de visita. Em geral, isso é estabelecido pelo juizado. Entretanto, é bastante comum que a visitação seja estipulada quinzenalmente — nos finais de semana — e haja a divisão dos períodos de férias e feriados entre os pais. Dessa forma, o resultado de que menos do que cinco em cada cem crianças tenham uma visita semanal do pai quando separado da mãe não é inesperado. Para que a frequência de visitação fosse maior, precisaríamos trabalhar em nossa cultura a importância da presença dos pais na vida de seus filhos.

Parte desse trabalho vem sendo pensada pela iniciativa privada, quando oferece, de forma voluntária, uma licença-paternidade mais extensa do que a legislação atual exige. Diversas empresas — tanto nacionais quanto corporações estrangeiras que atuam no Brasil — já oferecem licenças de trinta até noventa dias para os homens que acabaram de ter filhos. Outra parcela de ações potenciais está com o próprio Estado, que tem a responsabilidade de pensar políticas públicas alinhadas a uma nova forma de famílias existirem e de as pessoas exercerem, efetivamente, a maternidade e a paternidade. O PL nº 1315, de 2023,[8] tramita no Congresso Nacional propondo a equiparação das licenças-maternidade e paternidade. Em abril de 2023, um Grupo de Trabalho (GT) coordenado pela deputada Tabata Amaral e organizado pela Secretaria da Mulher na Câmara dos Deputados iniciou debates sobre possíveis formatos para ampliação da licença-paternidade dentro da CLT.[9] A discussão envolve a equipe política, representantes de empresas e pesquisadores, de modo a ser elaborada uma proposta viável economicamente e eficiente do ponto de vista da equidade de gênero nas famílias. O direito dos pais a conviver com seus filhos anda lado a lado com a temática do cuidado e das responsabilidades domésticas — assuntos abordados no capítulo anterior.

De acordo com a economista Ana Luiza Neves de Holanda Barbosa, homens e mulheres alteraram, ao longo das últimas duas décadas, a maneira com que contribuem de forma remunerada ou não remunerada para suas famílias.[10] Enquanto o tempo de dedicação das mulheres aos afazeres domésticos caiu de 31 para 24 horas semanais entre 2001 e 2015, os homens aumentaram em uma hora semanal essa dedicação: passaram de cinco para seis as horas semanais dedicadas às tarefas da casa. Essa diferença parece muito pequena, mas, quando observamos a taxa de participação (percentual de pessoas que declaram realizar algum tipo de afazer doméstico durante a semana), constata-se a estabilidade da participação das mulheres — cerca de 90% delas — e um aumento da participação dos homens: em 2001, 45% deles declaravam realizar algum afazer doméstico na semana; em 2015, eram 55%.

O aumento da contribuição dos homens com a produção doméstica, com o cuidado e com a divisão mais equitativa das responsabilidades familiares, não somente em termos financeiros, amplia o perfil das famílias e as possibilidades de participação no mercado de trabalho para as mulheres. Quando as famílias optam ou precisam escolher que apenas um dos membros participe regularmente do mercado de trabalho, todos os membros dessa família dependem do "provedor". No passado, era muito mais comum que essa pessoa fosse o homem e o trabalho da mulher (esposa) fosse considerado complementar ao dele. Mudanças culturais e de necessidade financeira — precisamos lembrar que o trabalho feminino no mercado não é recente nem opcional para mulheres que pertencem a famílias de baixa renda — fazem com que homens e mulheres passem a se dedicar mais intensamente ao mercado de trabalho e, com isso, tenham tanto um leque maior de opções com relação à permanência ou não nas uniões maritais como necessidades maiores de creches, pré-escolas e escolas em tempo integral para que seus filhos sejam também atendidos enquanto ambos estejam em seus empregos.

São as famílias as responsáveis por decidir sobre a alocação de tempo de seus membros e sobre a alocação de recursos entre eles. O uso do tempo é uma das questões-chave dos questionamentos em economia feminista. Dedicar mais ao cuidado e às responsabilidades domésticas em detrimento do tempo para estar no mercado de trabalho pode significar um poder de barganha diminuído para muitas pessoas. Se uma mulher dedicou seu tempo integralmente ao cuidado da casa e da família durante anos e seu marido foi responsável por sustentar financeiramente essa família, é possível que ela enfrente maiores dificuldades em caso de divórcio. Escolhas feitas dentro do contexto de uma união — como trabalhar ou não, ter mais filhos, voltar a estudar e se especializar em uma nova área, por exemplo — podem ou não ser eficientes* a longo prazo.

Esse é um dos pontos colocados por Shelly Lundberg e Robert Pollak, economistas que estudam como funcionam os processos de barganha entre os membros de um casal e como eles distribuem suas responsabilidades e ganhos através do uso de modelos econômicos. Em um artigo do início dos anos 2000, os pesquisadores mostram que as escolhas feitas em um contexto inicial — por exemplo, de casamento — podem não ser eficientes se pensadas a longo prazo.[11] A partir desse raciocínio, renunciar a um emprego para se dedicar de modo integral aos filhos e à família pode ter sido uma decisão racional quando foi tomada, mas também pode resultar em uma perda de experiência profissional que será penalizada no futuro — quando as crianças crescerem ou, eventualmente, em caso de separação ou divórcio. Esses dois economistas

---

* Em economia, o conceito mais utilizado de eficiência é o de "eficiência de Pareto". Segundo essa ideia, uma escolha é eficiente quando é impossível melhorar a posição de pelo menos uma parte (pessoa, empresa ou país) sem que alguma outra parte sofra uma piora em sua posição. No contexto de economia da família, podemos imaginar uma pessoa (A) se dedicando ao cuidado da família e dos filhos e outra pessoa (B) trabalhando de forma remunerada e levando dinheiro para casa. Se a pessoa A também quiser se profissionalizar, é possível que a pessoa B precise abrir mão de algumas horas de trabalho para complementar o trabalho de cuidado. Então, supondo que ambos tenham preferência por trabalhar mais horas fora em vez de se dedicar ao cuidado da família, a decisão pode não ser "eficiente" se alguém precisou piorar sua situação para acomodar o aumento de bem-estar do outro.

trabalham com modelos econômicos que mostram a família não como um grupo homogêneo, conforme Gary Becker propunha, com decisões que sempre favorecem a todos, casal e filhos, mas sim como um agrupamento de pessoas que podem racionalmente priorizar uns aos outros. Ou um aos outros...

Na lógica da economia tradicional, essas decisões poderiam ser agregadas de forma que uma decisão favorecesse a todos. Ainda hoje muitos economistas acreditam que a modelagem que utiliza a economia neoclássica, mais tradicional, é somente uma simplificação da realidade com poucos impactos quando adaptada para a vida real das pessoas. Já a partir da lógica da economia feminista ou de um pensamento que considere as possibilidades de barganha — como é o caso dos artigos de Lundberg e Pollak —, a agregação das decisões não legitima a realidade das famílias em geral. Temas como casamento, divórcio, novas uniões e até compra de propriedades e recebimento de heranças são alvo de estudos dentro da área de economia da família. Não se trata apenas de uma simplificação da realidade, mas sim de uma distorção no raciocínio que impede as pessoas em geral, os planejadores de políticas públicas e até mesmo pesquisadores de entenderem de forma profunda e adequada a realidade das famílias. Quando ignoramos a existência de fatores de incentivo individual e de valorização diferenciada para alocações de tempo, fazemos que com as conclusões de muitos modelos econômicos não sejam aplicáveis para a realidade atual. Pensar que as escolhas de uma mulher ao ser mãe sofrem a influência da sociedade — sobre ficar ou não com os filhos mais tempo, sobre abrir ou não mão de sua profissão ou de parte do tempo que dedicava a ela —, da forma como foi educada e das pessoas com quem se relaciona é imprescindível para retratarmos dentro da própria teoria econômica o que a realidade social e dos relacionamentos humanos apresenta. Mais do que isso, essas escolhas feitas por mulheres e mães terão impacto em suas trajetórias de vida — como elas se relacionarão com seus filhos e filhas, como, e se, o mercado de trabalho as receberá de volta quando elas optarem por voltar a ele. Imaginar que as decisões da família em um dado momento são equalizadas somente pela distribuição do uso de tempo entre o casal, desconsiderando as potenciais consequências para cada um deles individualmente no futuro, é bastante ingênuo.

Nossa realidade atual é de configurações de famílias e estruturas de agrupamento de pessoas dos mais diversos tipos. Há casais heterossexuais com ou sem filhos, casais homoafetivos com ou sem filhos, pessoas vivendo em famílias monoparentais, indivíduos vivendo sozinhos. Pensar em família e casamentos somente de uma forma tradicional — casal heteronormativo, com o homem se dedicando integral ou mais intensamente ao mercado de trabalho e a mulher com a carga de cuidado e trabalho reprodutivo — não é um detalhe a ser reparado apenas com ajustes pequenos aos modelos econômicos. Faz-se necessário rever a modelagem econômica e as formas de incentivo para que as famílias consigam escolher as configurações mais adequadas a seus estilos e pretensões de convivência.

Em se tratando de casamentos, temos outro aspecto bastante importante, ligado à idade em que essas uniões se concretizam. A legislação internacional considera casamento infantil quando um dos membros do casal é menor de idade. No Brasil também, e desde 2019 casamentos com pessoas abaixo de dezesseis anos são proibidos no país, mas ainda persiste a possibilidade de pessoas entre dezesseis e dezoito anos de idade casarem legalmente se tiverem consentimento dos pais ou de um representante legal.

Essa regra mais estrita vem na sequência de estatísticas apontando para números impressionantes: usando dados da Pesquisa Nacional de Demografia e Saúde da Criança e da Mulher de 2006, 26% das mulheres entre vinte e 24 anos teriam se casado antes da maioridade.* Esses números colocam o Brasil como o quarto do mundo com maior número de casamentos de pessoas menores de dezoito anos, conforme divulgado pelo Unicef e pela ONG Girls Not Brides em uma comparação feita no ano de 2022.[12]

Em muitos países, e em especial no Brasil, é importante contabilizarmos as uniões informais. Em uma pesquisa realizada pela Plan International em 2019, os entrevistadores foram a alguns municípios da Bahia e do Maranhão para conduzir entrevistas de profundidade com pessoas que haviam se casado antes dos dezoito anos.[13] O relatório da pesquisa

---

* É importante percebermos o motivo pelo qual as estatísticas são feitas a partir de mulheres dessa faixa etária. No passado, o casamento para menores de idade, mesmo abaixo de dezesseis anos, poderia ser consentido pelos responsáveis em situações "especiais", que incluíam gravidez precoce. Meninas que engravidavam de seus parceiros conseguiam obter a autorização dos pais para se casar. Se acompanhássemos somente os dados de mulheres de qualquer idade que se casaram antes dos dezoito anos, teríamos estatísticas ainda maiores, mas que não necessariamente refletiriam a situação atual, de maior controle para evitar o casamento precoce. Ao divulgarmos estatísticas a respeito de mulheres mais jovens (entre vinte e 24 anos, ou seja, inseridas na cultura e no contexto mais recentes das formas de uma sociedade se relacionar), conseguimos que os dados sejam um retrato mais fiel da atualidade — que, infelizmente, ainda é bastante preocupante.

afirma que foram "uma constante" diálogos em que, à pergunta do entrevistador "Você conhece casos de casamentos de meninos e meninas aqui na comunidade?", o morador/ a moradora da comunidade respondia: "Casados, não. Mas que moram juntos, conheço muitos...".[14]

Essa conversa mostra a naturalização de casamentos informais, que geram efeitos perversos sobre resultados no mercado de trabalho, na educação e na saúde de jovens, principalmente do sexo feminino. E esse é um primeiro ponto interessante: uma união marital é considerada casamento infantil quando ao menos um dos membros é menor de dezoito anos, seja ele do sexo masculino ou feminino. Entretanto, os dados nos mostram que a problemática é mais severa para elas do que para eles. Enquanto, mundialmente, 19,5% das mulheres entre vinte e 24 anos se casaram antes dos dezoito anos, somente 3% dos homens o fizeram.[15]

A forma como entendemos famílias e a própria concepção do papel de homens e mulheres na sociedade favorece que esses casamentos precoces ocorram. O estudo da Plan International citado anteriormente apresenta algumas razões pelas quais o casamento infantil continua sendo uma realidade no país. Os motivos vão desde a gravidez indesejada até a perda da virgindade — valorizada culturalmente em muitos meios —, passando pela realidade de violência contra as mulheres dentro dos próprios lares. Existe uma "relativização" da gravidade do casamento infantil em contraste com o que essas crianças e adolescentes acabam por enfrentar ao longo da vida.

Infelizmente, as consequências de um casamento na adolescência não se encerram em efeitos de curto prazo. No Brasil, uma parcela significativa da população não conclui o ensino médio. Quando analisamos dados sobre meninas que se casaram na infância ou na adolescência, essa estatística é ainda pior. De acordo com um estudo feito por mim e por Mariana Ramos Teixeira,[16] ter casado antes dos dezoito anos diminui em 21% a probabilidade de uma menina completar o ensino fundamental e, para as que já o concluíram, reduz em 13% a perspectiva de concluir o ensino médio.

Consequentemente às menores taxas de conclusão do ensino fundamental e do ensino médio, essas meninas terão maior dificuldade de inserção no mercado de trabalho e na probabilidade de estarem restritas a trabalhos de baixa qualificação e remuneração. O círculo vicioso não se encerra aí... Com menos educação e menores chances de ter profissões que lhes proporcionem condição financeira adequada, facilmente essas meninas terão oportunidades mais reduzidas de mobilidade social e até mesmo de autonomia para recomeçarem a vida caso fiquem viúvas ou se separem de seus parceiros. Assim, o casamento infantil pode significar, em grande medida, uma censura à liberdade dessas meninas tanto no curto prazo, quando podem estar cerceadas pelos companheiros e suas famílias, como no médio e longo prazos, quando em teoria poderiam decidir por si mesmas mas na prática terão chances restritas.

Além disso, a gravidez na adolescência, que ocorre dentro e fora dos casamentos infantis, é outro agravante para elas. Os Gráficos 5.2 e 5.3 mostram a tendência dos dados para gravidez de adolescentes entre dez e catorze anos e entre quinze e dezenove anos.[17]

O Gráfico 5.2 apresenta o número de nascimentos de bebês por mil nascimentos para mulheres entre quinze e dezenove anos de idade. Selecionamos cinco países do continente americano (Argentina, Brasil, Estados Unidos, México e Uruguai) para fins de comparação. Todos apresentam taxas decrescentes de nascimentos de bebês com mães jovens. No Brasil, em 2001, a cada mil nascimentos 78,4 eram de mães entre quinze e dezenove anos de idade, e em 2021 esse número caiu 55%, passando para 43,1. Comparados com nossos vizinhos Argentina e Uruguai, vemos que ainda há muito a melhorar nesse quesito. Mesmo considerando que os dados da Argentina e do Uruguai são mais antigos, a estatística para as mulheres argentinas era de 41,8 a cada mil nascimentos para mães jovens em 2019 e, no Uruguai de 2020, 29,1.

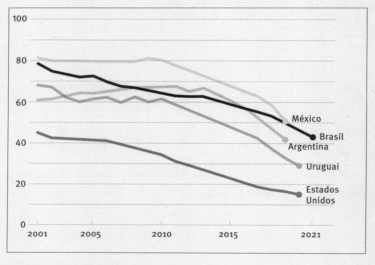

GRÁFICO 5.2: Taxa de nascimentos entre mães de 15 a 19 anos (2001-2021)

FONTE: Our World in Data.

NOTA: Taxa de nascimentos entre adolescentes sendo aqui o número de bebês nascidos vivos a cada mil pessoas do sexo feminino entre 15 e 19 anos.

Embora em uma dimensão muito menor, o Gráfico 5.3 mostra os dados para nascimentos de bebês de mães em idade ainda menor: meninas entre dez e catorze anos. É bastante visível que o Brasil, embora apresente tendência de queda, ainda está em um patamar mais elevado do que qualquer um dos países usados na comparação: em 2021, a cada mil nascimentos 2,3 eram filhos de meninas entre dez e catorze anos.

O número pode parecer pequeno, mas o Fundo de População das Nações Unidas (UNFPA) denuncia: são 19 mil nascimentos a cada ano de bebês com mães que ainda são crianças. Se temos quase 20 mil bebês com mães até catorze anos em nosso país, podemos imaginar que o número de meninas submetidas à violência sexual no Brasil é muito maior, pois nem todas chegam a engravidar e, quando isso acontece, nem todas levam a gestação até o fim.*

Da mesma forma que o casamento infantil, a gravidez na infância e na adolescência tem consequências graves tanto para as famílias como para as meninas que foram mães e suas

---

* Conforme veremos com maior profundidade no Capítulo 7, relações sexuais consentidas ou não com menores de catorze anos de idade são consideradas, em nosso país, estupro de vulnerável. Por serem assim categorizadas, a gravidez delas resultante é passível de um aborto legalizado. Entretanto, inúmeras notícias mostram que a realização de um aborto por uma menina ou mulher que sofreu violência sexual não é tão simples assim na prática, mesmo sendo liberado por lei. Os empecilhos que limitam o aborto em suas diversas formas apontam para a falta de equidade entre os gêneros no Brasil (e também para a desigualdade social, mas esse é outro tópico). Apesar de a Constituição garantir o direito de igualdade entre homens e mulheres e sermos signatários dos pactos da Organização das Nações Unidas (ONU) que garantem os direitos sexuais e reprodutivos das mulheres, a discussão sobre a descriminalização do aborto ainda é mais pautada por argumentos religiosos de proteção ao feto do que pela necessidade de garantirmos o bem-estar e a autodeterminação pessoal das mulheres.

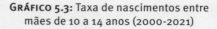

GRÁFICO 5.3: Taxa de nascimentos entre mães de 10 a 14 anos (2000-2021)

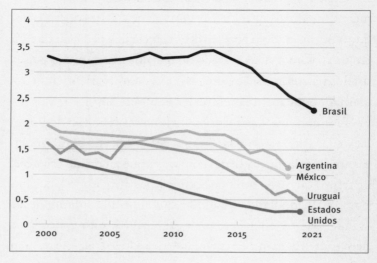

FONTE: Our World in Data.

NOTA: Taxa de nascimentos entre adolescentes sendo aqui o número de bebês nascidos vivos a cada mil pessoas do sexo feminino entre 10 e 14 anos.

crianças. Adolescentes que engravidam têm maior dificuldade de permanecer na escola, de se profissionalizar, de cuidar de sua saúde e de ser independentes financeiramente. Sem falar no aspecto psicológico e no fato de que, em muitos casos, essas gestações resultaram de violência.

Uma forma de enfrentamento à violência sexual contra crianças e adolescentes é a inserção de temas ligados à educação sexual nas instituições de ensino. Entretanto, de maneira equivocada, muitas pessoas acreditam que trabalhar essa temática no ambiente escolar faria com que alunos e alunas se interessassem mais precocemente pelas atividades sexuais. Parecem não se dar conta de que a disponibilidade de informações, vídeos e conteúdos ligados ao sexo está crescendo rapidamente com a ampliação do acesso às mídias sociais. Tiktokers, influencers e youtubers falam sobre o assunto com linguagens bem pouco controladas pelas famílias. Ao mesmo tempo que se reprime uma educação sexual organizada e liderada por adultos habilitados a passar as informações e compreender o estado mental dessas crianças e jovens, não se impede que crianças cantem e dancem músicas com caráter sexual — seja ele disfarçado ou não. Limitações ao ensino de educação sexual ou discussões relacionadas a questões de gênero dentro do ambiente escolar alimentam o desconhecimento e permitem que a informação chegue distorcida aos jovens e crianças. Essa falha de comunicação é que aumenta a probabilidade de gravidez precoce, de preconceitos de gênero e da violência contra crianças e adolescentes.

Falar sobre economia da família é trazer luz para assuntos urgentes como a vida desses meninos e meninas. Nossa cultura e a forma como os percebemos, muitas vezes acenando com uma "maturidade precoce" para meninas e não para os meninos, reforçam a possibilidade de violência — em especial a sexual — contra elas. Estruturas de apoio para famílias em situação social e financeira mais vulnerável são importantes para garantir que as crianças e adolescentes tenham condições de se educar e possam usufruir de uma vida com oportunidades mais iguais para todos. É papel de economistas também pensar para além dos modelos teóricos de divisão de poder ou de escolhas de consumo e trabalho nas famílias. Pensar e propor políticas públicas que tenham efeitos significativos na redução das desigualdades — de gênero, racial e econômico-social — é urgente para que tenhamos uma sociedade mais justa em nosso país.

6. Como o sistema de desigualdade de oportunidades mantém as disparidades de renda

> Eu ficava lá na laje, mas minha mente viajava. Quando estou sozinha, eu viajo muito. Eu sonho alto, viajo mesmo. Quando eu estava nessa fase da pandemia, baixava às vezes uma tristeza, o medo de perder alguém da minha família, receber uma má notícia. Depois eu ia relaxando, escutava uma música, a música me fazia chorar. Nós escutávamos música aqui na minha laje, depois nós estávamos parecendo crianças, eu falava: "Vamos parar com isso. Respira fundo, vamos beber uma água, esquece. Vai dar tudo certo".

Foi assim que uma moradora de 63 anos de uma das dezesseis favelas que formam a Maré contou como enfrentou os dias sombrios da pandemia de covid-19.

Essa entrevista foi concedida em 2020, quando participei de um dos projetos mais impactantes em minha carreira como pesquisadora. O Núcleo de Mulheres e Territórios, projeto do Laboratório Arq.Futuro de Cidades, do Insper, entrevistou 141 moradoras de três grandes complexos de favelas do Brasil:[1] Maré, no Rio de Janeiro, e Heliópolis e Jardim Colombo — que faz parte do Complexo de Paraisópolis —, ambas em São Paulo. O objetivo era investigar o impacto da pandemia na vida dessas mulheres e de suas famílias. A fim de que as participantes tivessem maior segurança para responder ao questionário, todas as entrevistadoras eram do sexo feminino e moravam na favela das entrevistadas.[2]

A proposta do estudo veio da constatação do aprofundamento das desigualdades entre homens e mulheres durante a pandemia de covid-19. Ao mesmo tempo que a mídia muitas vezes apontava uma tendência de que os afazeres domésticos começavam a ser mais bem divididos entre os parceiros, as conversas entre mulheres sinalizavam que a situação não era tão positiva quanto estava sendo divulgada.

Uma das estatísticas que chamava a atenção era a diminuição da participação das mulheres no mercado de trabalho. Em menos de um ano de pandemia, houve um retrocesso de quase três décadas:[3] enquanto 54,34% das mulheres trabalhavam ou procuravam emprego no terceiro trimestre de 2019 — o ano que precedeu a pandemia —, um ano depois somente 49,45% delas o faziam. E essa última estatística se aproximava, em 2020, do percentual de participação no mercado de trabalho que as mulheres tinham em 1990. Ou seja, por que esse retrocesso se tornava tão evidente se supostamente havia um melhor balanceamento da carga de cuidado dentro de casa?

A percepção que tínhamos era de que a mídia focava a análise dos efeitos da pandemia no público de mulheres de classe média e alta. A história que estava sendo contada mostrava o agravamento da disparidade nas condições de trabalho entre homens e mulheres, mas com foco em pessoas que tinham trabalho remoto (ou seja, a classe social mais alta). Mas será que as mulheres das classes menos privilegiadas em termos de renda também enfrentavam dificuldades advindas da desigualdade de gênero no mercado de trabalho, para além dos desafios da desigualdade financeira? As pesquisadoras do Núcleo, todas elas líderes de favelas ou ocupações, nos contavam a respeito das dificuldades que essas famílias tinham até mesmo para manter uma alimentação adequada em casa. Também era uma preocupação entender como estava sendo a participação das crianças na escola, se estavam tendo acesso aos materiais e às aulas remotas. O que era uma realidade para um público de escolas particulares parecia utópico para os estudantes de baixa renda, com pouco acesso à internet rápida e baixo nível de apoio possível dentro de casa. Por fim, os dados a respeito de violência doméstica, em todos os estratos sociais, nos pareciam um foco importante para o estudo em um contexto de maior vulnerabilidade social.

Antes de voltarmos a focar nas mulheres que moram em favelas e em suas famílias, é inevitável que falemos um pouco sobre a questão da pobreza e da desigualdade social no Brasil — um dos países com maior disparidade de renda do mundo. De acordo com o *World Inequality Report* de 2022,[4] somos a 11ª nação no ranking da desigualdade mundial. Dentre os países da América Latina, o Brasil é o 2º mais desigual — o Chile é o líder da desigualdade latino-americana. Ocupamos novamente a vice-liderança no ranking da desigualdade entre os países do G-20, que reúne dezenove nações do mundo e a União Europeia. Nesse grupo, estamos atrás somente da África do Sul.

De acordo com o relatório citado, as pessoas que estão entre os 10% mais bem remunerados no país recebem 59% da renda. Já os 50% mais pobres — da mediana para baixo —

recebem 10% da renda. Para tornar esses números um pouco mais claros, imagine um bolo que deva ser dividido em cem pedaços e que temos cem pessoas para comê-lo. Se tivéssemos a igualdade perfeita, cada uma ganharia exatamente uma fatia do bolo. Não é a situação que vemos no Brasil. Aqui, num extremo dez pessoas recebem 59 fatias para dividir entre si, enquanto no outro cinquenta pessoas repartem dez fatias: as dez pessoas que compõem o grupo privilegiado ganham, aproximadamente, seis fatias de bolo cada uma; já as cinquenta pessoas do grupo menos privilegiado recebem 0,2, ou um quinto, de uma fatia de bolo cada. Essa é a desigualdade de renda em nosso país.

A moradora da Maré que foi citada no início do capítulo faz parte do grupo de cinquenta pessoas que recebem em média

Retrato da desigualdade no Brasil: uma pessoa com seis fatias de bolo e outras cinco pessoas dividindo uma fatia só.

um quinto da fatia de bolo. É bastante provável que ela faça parte da base da distribuição de renda em nosso país e que um quinto de fatia de bolo seja uma superestimação do quanto ela realmente consome. Isso porque entre as pessoas que detêm a metade inferior de renda também existe desigualdade. Algumas recebem um pouco mais do que um quinto de fatia de bolo — vamos dizer um quarto, por exemplo —, e outras recebem um décimo ou menos. Uma moradora de favela como ela acaba por ter uma ínfima parte de qualquer fatia de bolo que tenhamos para dividir...

Quando nos propusemos a pesquisar a situação das moradoras de favelas, o que queríamos entender era a situação de pessoas que, dada a desigualdade social em que vivemos no Brasil, não só dividem uma fatia de bolo entre cinco pessoas mas acabam por ter uma visibilidade mais restrita nos meios de comunicação. O foco nas mulheres servia para usarmos uma lente de gênero para refletir sobre a problemática da crise sanitária e suas consequências no agravamento das desigualdades sociais.

Nosso questionário continha somente perguntas abertas, o que permitia que as entrevistadas pudessem descrever e explicar suas respostas. Ao mesmo tempo que colhíamos informações, gerávamos um espaço para que essas moradoras das favelas pudessem expressar suas necessidades, suas dores e, algumas vezes, suas conquistas. Em média, as entrevistas duravam de quarenta a cinquenta minutos. O retrato que obtivemos foi bastante fiel às histórias que escutávamos em nossas reuniões do Núcleo de Mulheres e Territórios e no contato com outras mulheres que estavam na mesma situação de vulnerabilidade.

Nosso primeiro grupo de perguntas abordava o mercado de trabalho, tanto no período pré-pandemia quanto no primeiro ano da crise sanitária que ela ocasionou. Falar de remuneração e emprego exige o reforço de que, embora estejamos focando no tema "mulheres", pertencer a diferentes classes sociais no Brasil significa participar de tipos de mercado de trabalho completamente distintos. Enquanto aquelas que se encontram entre os 10% mais ricos em nossa sociedade tiveram a oportunidade de trabalhar on-line ou em sistema híbrido durante toda a pandemia, as moradoras de favelas — grande parte delas trabalhando como diaristas, empregadas domésticas e cuidadoras — foram as primeiras pessoas a serem afastadas de seus empregos. Ouvimos muitos relatos como este, de uma moradora de Heliópolis:

> Eu parei de trabalhar porque meus patrões não queriam ninguém além da própria família dentro de casa por causa do vírus, e desde lá estou sem um emprego fixo. Eu fiquei alguns dias sem renda alguma, até que o Auxílio Emergencial chegou. Foi complicado porque, no meu caso, somos só eu e meus três filhos pequenos para trazer renda para casa e tudo mais. Não foi fácil...

Como já sabemos, o emprego doméstico no Brasil é dominado pelas mulheres: 92% dos trabalhadores desse setor são do sexo feminino. A chegada da pandemia, com um vírus desconhecido e ameaçador, fez com que muitas famílias que contratavam babás, diaristas, empregadas domésticas e profissionais de serviços gerais dentro de suas residências dispensassem essas pessoas de forma temporária ou definitiva. Isso protegia as famílias de receber em casa alguém que estivesse infectado com o vírus e, supostamente, resguardava a saúde das trabalhadoras.

No entanto, não foi bem assim que as coisas aconteceram. Um dos maiores exemplos disso é que uma das primeiras mortes confirmadas no Brasil foi a de uma empregada doméstica do Rio de Janeiro. Ela trabalhava para uma família que havia chegado em março de 2020 da Itália e estava contaminada, sem saber, por covid-19. Muitas pessoas de todos os níveis sociais morreram durante a pandemia. Entretanto, inegavelmente, quem mais corria risco era a camada da população que não tinha a opção de ficar em casa e manter o isolamento social. Era necessária a exposição ao vírus para trabalhar, ou contar com algum tipo de ajuda — de vizinhos, ONGS ou do governo — para a própria alimentação da família. Então, a suposta proteção à saúde das trabalhadoras domésticas também tinha como consequência que uma parte significativa delas ficasse completamente sem renda.*

Em uma conversa com o grupo de liderança do Núcleo de Mulheres e Territórios, ouvimos repetidas vezes sobre a dificuldade que moradores e moradoras de favelas e ocupações passavam: prateleiras e geladeiras completamente vazias e nenhum dinheiro para comprar comida. Foi nesse cenário que surgiram iniciativas de auxílio.

---

* No início da pandemia houve campanhas para que as pessoas continuassem a pagar as diaristas — grande parte delas em contratos informais — para que essas profissionais não precisassem se expor ao vírus indo trabalhar presencialmente. O Ministério do Trabalho apoiou iniciativas de redução da remuneração por parte dos empregadores que tinham contratos formais com as empregadas domésticas para que o laço empregatício fosse, de alguma forma, mantido.

Algumas delas foram arrecadações de dinheiro por parte de bancos e empresas. Outras partiram das próprias comunidades, reunindo-se e manejando a crise. Um dos exemplos de sucesso no controle da covid foi na favela de Paraisópolis.[5] Com a designação de "presidentes de rua", os moradores dividiram as quadras da favela para gerenciar os casos de pessoas com sintomas de covid logo no princípio da pandemia. Eles direcionavam o atendimento médico, a chegada de ambulâncias — quando necessário — e, outro fator importante, auxiliavam na distribuição de comida e materiais de higiene para famílias que haviam perdido grande parte de sua renda.

A relevância de lembrarmos essas iniciativas é não só discutir atitudes diversas no momento da crise sanitária — diante da perda de emprego, para prevenção via isolamento social, entre outras —, mas nos darmos conta de que comunidades organizadas, independentemente de sua condição social, têm capacidade de reação muito mais potente. E são mulheres, em grande medida, que fazem esse trabalho voluntário na organização de eventos caóticos, como foi a pandemia. No caso da favela de Paraisópolis, 90% dos presidentes de rua eram mulheres.[6]

Nas outras favelas, a participação das mulheres durante a crise também foi importante, disponibilizando sua capacidade de trabalho dentro das próprias iniciativas de auxílio. Na Maré, muitas mulheres — inclusive diversas entrevistadas em nossa pesquisa — trabalhavam na cozinha da ONG Redes da Maré para fazer e distribuir marmitas para a população, ou costuravam máscaras de pano para serem doadas ou comercializadas.

A forma como essas mulheres, muito mais do que seus companheiros ou filhos homens, encontravam alternativas para a obtenção de fontes de renda foi um dos fatores que nos chamaram muito a atenção. Embora a maior parte das entrevistadas trabalhasse com serviços domésticos, de limpeza em especial, uma parte bastante significativa tinha emprego em shoppings, salões de beleza, escolas e creches. Ou seja, com raríssimas exceções, e mesmo considerando diferentes perfis educacionais, a maioria das entrevistadas trabalhava no setor de serviços, o mais fortemente afetado pelo distanciamento social no período mais severo da pandemia.

Em grande parte dos casos, elas atuavam como autônomas ou sem vínculo trabalhista formal, o que significou, em última instância, uma queda muito abrupta das fontes de renda. Nos relatos que ouvimos, na média, as mulheres perderam seus empregos antes dos homens. Enquanto elas eram ou afastadas sem remuneração ou demitidas, os homens tiveram a carga de trabalho diminuída, com o salário acompanhando essa redução, uma situação muito mais favorável.

Essa diferença de reação dos empregadores diante do trabalho feminino e do masculino acaba por explicitar, uma vez mais, a vulnerabilidade das mulheres e do vínculo de trabalho que elas mantêm. Temos uma questão relacionada à segregação ocupacional, uma divisão de gênero por "tipos" de trabalho mais ou menos adequados a um homem ou a uma mulher, mas parte dos reflexos dessa separação de papéis acaba ocasionando fontes de renda mais instáveis para elas e uma consequente dependência financeira dos parceiros, das famílias ou da própria assistência social.

Ao mesmo tempo, e até pela familiaridade com a situação instável de seus vínculos empregatícios, as mulheres foram habilidosas em redirecionar seu tempo "livre": passaram a cozinhar e vender marmitas, doces, comidas em geral. Aprenderam a costurar, faziam máscaras e pequenos consertos em roupas dos vizinhos, confeccionavam e vendiam artesanato. Estiveram dispostas a ajudar em trabalhos sociais, mesmo com baixa ou nenhuma remuneração.

Para todos os casos, inclusive das famílias que encontravam alguma fonte de renda, a existência do Auxílio Emergencial — citado na fala da moradora de Heliópolis — foi essencial. O benefício temporário — uma alternativa do governo federal para beneficiar famílias de baixa renda que tiveram seu poder aquisitivo fortemente impactado pela pandemia — variava de acordo com as características da composição familiar e da empregabilidade dos membros, com um incentivo especial para a proteção de famílias chefiadas por mulheres.

O direcionamento do benefício para elas — embora não exclusivamente para elas — já ocorria desde o início do Bolsa Família,* o programa assistencial de renda condicionada mais

---

* Temos uma vasta bibliografia a respeito do programa Bolsa Família. Como o objetivo deste capítulo é abordar a temática do impacto das desigualdades de renda na vida das mulheres, não explicaremos os programas — Bolsa Família, Auxílio Emergencial ou Auxílio Brasil — em detalhes. Entretanto, o Ministério da Cidadania tem uma página de perguntas e respostas sobre esses e outros benefícios para alívio da pobreza que é bastante esclarecedora: <https://www.gov.br/cidadania/pt-br/acesso-a-informacao/perguntas_frequentes>. Mas é importante termos ideia do que cada um deles é: o Auxílio Emergencial foi um benefício temporário, por tempo determinado e sem nenhuma condicionalidade. Ou seja, não era necessário que as famílias, por exemplo, colocassem as crianças na escola para recebê-lo. Já o Bolsa Família é um programa que teve início em 2004, no primeiro governo Lula, e, em 2021, durante o governo Bolsonaro, foi extinto e substituído pelo Auxílio Brasil, nos mesmos moldes. Em 2023, Lula, já empossado novamente como presidente, voltou o nome do programa para Bolsa Família.

conhecido de nosso país. A pessoa beneficiária do Bolsa Família é, de preferência, a mulher (mãe) da família, com o cartão sendo emitido nominalmente para ela. Por um certo prisma, essa prioridade de ser a mulher quem recebe o benefício é sinal de um esforço em direção à equidade de direitos e de oportunidades entre os sexos.

Entretanto, também existe uma discussão relevante a respeito da orientação do recurso assistencial preferencialmente para as mulheres. Ao mesmo tempo que a iniciativa é válida como forma de possibilitar que essas mulheres tenham algum tipo de autonomia financeira com relação a seus parceiros ou sua família estendida, a sinalização pode ser também interpretada como uma forma de manter o status de responsabilidade e cuidado apenas ou preferencialmente com as mulheres.[7] Aqui, é importante nos darmos conta de que a reprodução do mecanismo social que divide homens e mulheres como que responsabilizados por diferentes aspectos da família — homens com a obrigação financeira, mulheres com a dedicação ao cuidado — também resulta em diferentes estratégias na utilização do dinheiro. Argumentos de que as mulheres se preocupam mais com a alimentação e saúde dos filhos e que os homens "usariam o dinheiro extra para bebida" não só são uma representação estereotipada da realidade como também acabam por significar uma expectativa social de aspectos como altruísmo e "bondade" por parte das mulheres muito mais do que dos homens. Cada pessoa atua em seu papel social dentro do contexto em que foi socializada. Uma sociedade que treina as meninas para o cuidado e os meninos para a "luta" tem como resultado mulheres que cuidam e usam o dinheiro de forma comunal — para o bem de todos da família — e homens que não precisam se responsabilizar por esse tipo de escolha e podem usar o dinheiro com o que individualmente mais agrada a eles. Mas não podemos culpar a genética, a biologia ou até mesmo a "índole" por escolhas que são fortemente fundamentadas nas crenças que sustentam as desigualdades, em especial as de gênero.

De acordo com nossa pesquisa, foi por meio dessa renda adicional que as famílias mais pobres conseguiram comprar alimentos, remédios e outros itens indispensáveis para a sobrevivência, em especial nos meses em que não tínhamos vacinas disponíveis e o número de mortes era crescente no Brasil. Auxílios financeiros concedidos à população de baixa renda são vistos muitas vezes de forma estereotipada. Não é raro escutarmos algumas pessoas dizerem que acreditavam que os beneficiados pediriam demissão do emprego ou deixariam de "se esforçar" para receber o auxílio. Pensando em trazer argumentos para o debate, incluímos em nossa pesquisa diversas questões relacionadas à forma como as pessoas conduziam as horas disponibilizadas ao trabalho remunerado após receberem o benefício.

O que descobrimos vai ao encontro de outros resultados para auxílios semelhantes: os beneficiários de programas sociais não se valem dos benefícios para diminuir a busca por trabalho. Essas pessoas continuam procurando emprego — que servirá como fonte de renda mais permanente do que um auxílio temporário —, ao mesmo tempo que conseguem superar uma carência financeira grave. Nossas entrevistas mostraram que o dinheiro recebido via auxílio governamental foi utilizado quase que exclusivamente para a compra de alimentos e remédios. A busca por uma fonte de renda estável permanecia, inclusive porque o caráter temporário do benefício não possibilitava uma "acomodação". Frequentemente nossas entrevistadas falaram sobre a importância do auxílio para não atrasarem o pagamento de contas ou para manterem uma alimentação adequada para a família.

Em 2022, o Instituto Datafolha divulgou o resultado de uma pesquisa conduzida com 2556 pessoas em 183 municípios do Brasil.[8] Três em cada dez entrevistados alegaram que não tinham acesso a quantidade suficiente de alimentação para sua família. Entre mulheres, esse percentual era ainda maior: quatro em cada dez entrevistadas afirmaram que a comida de que dispunham era insuficiente para uma alimentação adequada.

Se mesmo com o Auxílio Emergencial e outras formas de benefícios sociais muitas famílias passaram fome durante a pandemia, é bastante improvável que elas tivessem desistido da busca por uma recolocação profissional ou qualquer fonte de renda que garantisse maior poder de consumo. Acreditar em acomodação pessoal ao receber um auxílio temporário é bastante ingênuo. Como também o é pensar que benefícios, embora mais duradouros, mas de menor valor financeiro, tenham efeitos negativos na busca por trabalho dos beneficiários.

Priscilla Tavares, economista e professora da FGV, estudou os efeitos do programa Bolsa Família na busca por trabalho das mães beneficiadas.[9] Ela é especialista em economia da educação e tem grande experiência em avaliações de impacto — medidas que órgãos governamentais ou de entidades internacionais utilizam para calcular os efeitos de uma política pública. Na mesma direção dos resultados que observamos no estudo conduzido durante a pandemia com relação às famílias beneficiárias do Auxílio Emergencial, Priscilla concluiu que o impacto de receber um benefício do governo gerava, na verdade, um aumento da busca por trabalho das mulheres, e não uma diminuição por "acomodação" ou "desistência".

A princípio, esse resultado pode parecer contraintuitivo: por que uma pessoa que recebe um auxílio financeiro iria aumentar seu número de horas de trabalho remunerado? Se a pessoa e sua família estavam sobrevivendo com um certo nível de renda, qual o motivo para aumentar a procura por trabalho depois que a renda familiar cresce de forma artificial — isto é, recebendo um auxílio do governo? Algumas pessoas poderiam acreditar no decréscimo da busca por trabalho ou, no máximo, na manutenção das horas de trabalho habituais. Supostamente, o aumento da renda poderia propiciar mais horas de lazer, e não de trabalho. O estudo de Priscilla é bastante educativo nesse sentido.

Ela separa dois efeitos que ocorrem com o recebimento de um benefício. O primeiro deles, que os economistas chamam de "efeito renda", é o quanto as pessoas passam a consumir mais de um ou mais bens quando ficam "mais ricas". Lazer, para a economia, é um "bem". Horas de trabalho são o oposto de um bem — e isso vale até para trabalhos que as pessoas tenham prazer em realizar. O princípio econômico é de que o tempo gasto com o trabalho é importante para gerar renda e, com isso, "comprar" lazer e outros bens. Então, a princípio, quanto mais ricos ficamos, mais horas gostaríamos de gastar com lazer, nos divertindo. E isso acontece também com as famílias beneficiárias de programas sociais, por isso o raciocínio simplista de que essas pessoas trabalhariam menos e "viveriam à custa do programa governamental". Mas a história não está completa sem discutirmos o segundo efeito que Priscilla mostra em seu estudo.

O contraponto que ocasiona um resultado inverso ao esperado é que existe um segundo efeito menos óbvio, que chamamos de "efeito substituição". Ele é mensurado pela diferença no consumo dos bens quando um bem fica relativamente mais "caro" do que outro. Fica fácil se pensarmos em dois bens como "gasolina" e "álcool" para automóveis que utilizam os dois combustíveis. Dependendo do aumento do preço da gasolina, as pessoas passam a consumir mais álcool. Elas substituem o consumo de um bem pelo outro.

Mas como medir isso no caso dos beneficiários do Bolsa Família se supostamente os bens de consumo — alimentos, roupas etc. — não mudam de preço devido ao próprio programa? É que, mesmo sem a mudança direta do preço de bens como arroz ou feijão, existe a possibilidade de um outro bem ter ficado mais caro. Nesse caso, o "bem" que ficou relativamente mais caro é o lazer das mães. Como isso acontece?

Em um primeiro movimento, precisamos lembrar que um condicionante do programa social era que as crianças e adolescentes precisavam frequentar a escola para garantir a permanência no programa e, com isso, muitas crianças deixaram de trabalhar. As famílias efetivamente perderam essa "renda" do trabalho infantil, que precisava ser compensada não só com o recebimento do benefício, mas também com mais horas de trabalho remunerado sendo oferecidas aos adultos da casa.

Ao mesmo tempo e representando um segundo movimento, com as crianças frequentando a escola, a disponibilidade de tempo das mães* também aumentava. Dessa forma, o que Priscilla encontra como resultado é que o benefício do Bolsa Família era ainda mais positivo, ao incentivar as crianças a permanecerem na escola, tirá-las do círculo vicioso do trabalho infantil e ao mesmo tempo permitir que as mães dessas crianças pudessem trabalhar mais horas e ganhassem sua renda através do próprio trabalho.

O trabalho por parte das crianças é um reflexo claro da pobreza e da necessidade de recursos pela qual muitas famílias passam. Eliminá-lo é uma questão social e, também, de impacto nas questões de gênero.

É considerado trabalho infantil toda forma de trabalho, remunerado ou não, desempenhado por pessoas menores de dezesseis anos, exceto na condição de Menor Aprendiz. De acordo com o Unicef,[10] uma em cada dez crianças está sujeita ao trabalho infantil no mundo. No Brasil, dados não oficiais durante o período da pandemia apontavam o aumento desse percentual, em especial para crianças negras, que representam 66% da mão de obra infantil em nosso país. Da mesma forma, o trabalho na infância tem um viés de gênero. Nesse caso, ele é mais exercido pelos meninos do que pelas meninas — até porque elas são mais convocadas para desempenhar o trabalho não remunerado de cuidado dentro de suas próprias casas, o que não necessariamente é contabilizado como "trabalho". As meninas são contratadas para trabalho infantil dentro do

---

* Poderíamos nos perguntar o motivo pelo qual o efeito que a economista calculou foi relacionado à mão de obra das mães e não à dos pais. Embora o cuidado com as crianças seja responsabilidade das mães e dos pais, já sabemos que é mais frequente que seja a mãe a deixar de trabalhar para cuidar dos filhos que não estão na escola do que o pai.

escopo doméstico: como babás e empregadas domésticas. Embora o percentual de meninas trabalhando seja menor do que o de meninos, a dificuldade para a erradicação do trabalho delas é tão ou mais grave do que no caso deles. Em um estudo publicado na *Revista Econômica do Nordeste*[11] foi possível constatar que o Programa Bolsa Família diminuiu o trabalho infantil em até 7,9% nessa região do país. Entretanto, o mesmo artigo constatou um aumento de 14,34% do trabalho infantil doméstico, essencialmente exercido por meninas.

O trabalho remunerado doméstico é um dos trabalhos vulneráveis por essência. Muitas mulheres começaram a trabalhar como empregadas domésticas ainda crianças. No Brasil, o trabalho doméstico é um dos catalogados na Lista Piores Formas de Trabalho infantil (Lista TIP).[12] Nela constam todas as práticas de trabalho análogo à escravidão, trabalhos relacionados ao sexo (majoritariamente exercidos por meninas), participação em atividades ilícitas (como tráfico ou crime) e atividades que signifiquem risco à saúde, segurança ou moral da criança. O trabalho infantil doméstico é considerado uma forma bastante prejudicial à saúde (pelo número de horas trabalhadas e pela carga pesada de força que é exigida), pelo afastamento da possibilidade de educação e pela vulnerabilidade da exploração, inclusive sexual, dessas garotas que vivem longe de suas famílias, muitas vezes recebendo "casa e comida" como forma de remuneração.

Em um estudo conduzido por professores da Universidade Federal da Paraíba e da Universidade Federal de Pernambuco em conjunto com seus alunos,[13] foram constatados os efeitos negativos do trabalho infantil dentro das residências, como trabalhadores domésticos, para meninos e meninas entre sete e dezoito anos de idade. As crianças e adolescentes que exerciam essas tarefas, em especial as que eram remuneradas, tinham um atraso escolar consideravelmente superior ao das que não trabalhavam. E não só o atraso escolar as prejudicava, mas sua socialização também era pior. Fazendo parte de uma faixa etária diferente da de seus colegas — devido ao desnível entre idade e série — e tendo uma realidade de vida que envolve trabalho, esforço e cobranças diferentes, o ambiente que permitiria um desenvolvimento saudável da vida psíquica e social dessas crianças é afetado.

A própria relação entre patrões/patroas e as empregadas domésticas é assunto para diversas pesquisas. Jurema Brites, antropóloga, conduziu um estudo com empregadas domésticas e suas patroas no Espírito Santo[14] que permite delinear o vínculo de ambiguidade afetiva presente nessas relações. Ao mesmo tempo que se escuta que "a empregada é como se pertencesse à família", existem considerações a respeito de linguajar, costumes e até higiene pessoal inadequada quando as patroas falam sobre suas funcionárias. No já citado livro *Eu, empregada doméstica*, de Preta Rara,[15] relatos similares são feitos.

Podemos relacioná-los com a fala da moradora de Heliópolis que foi impedida de continuar trabalhando para não "contaminar" a família dos patrões. Sim, abrir sua casa para outras pessoas durante o período da pandemia foi um risco. Mas muita gente tinha medo da contaminação que viria por meio da entrada das empregadas domésticas, mas não se preocupava com idas a restaurantes, shoppings, viagens e festas... Essa parcialidade na avaliação do risco trazia intrinsecamente alguns preconceitos e estereótipos à tona. E fazia com que famílias inteiras — muitas delas chefiadas unicamente por mulheres — ficassem em risco ainda maior de insegurança alimentar e de doença, duas graves consequências da pobreza.

Situações de extrema falta de recursos financeiros propiciam que as pessoas se submetam a condições ainda mais precárias de trabalho. Em se tratando de mulheres, principalmente negras e com baixo nível educacional, poucas vagas de emprego com a devida segurança social estão disponíveis.

Na pesquisa que realizamos durante a epidemia de covid-19, outras ocupações bastante citadas pelas entrevistadas estavam dentro da área de serviços de estética e beleza: manicure, cabeleireira, massagista. Quando observamos a distribuição de trabalho remunerado entre as mulheres, tanto em nosso estudo como nas pesquisas de amostra da população brasileira, como a PNAD, a maior parte desses postos é ocupada por mulheres e a taxa de formalização é muito baixa. Da mesma maneira que ocorreu com as trabalhadoras domésticas, conseguimos mostrar que essas mulheres tiveram sua renda reduzida a zero bem rápido. Salões de beleza e clínicas foram fechados e ficaram sem funcionar durante um período relativamente longo. Ao mesmo tempo, esses são serviços que não podem ser feitos à distância e, com isso, essas mulheres não tiveram escolha a respeito de exercer suas profissões.

Nesse mesmo período, de acordo com o relatório Education at a Glance 2021, divulgado pela OCDE em 2020, o Brasil ficou 178 dias com as escolas completamente fechadas. Comparado com o número médio de dias que os outros países da OCDE ficaram com as escolas fechadas, que foi 48 dias, tivemos três vezes mais tempo de crianças e adolescentes longe dos bancos escolares por causa da pandemia de covid-19.

Falar de vulnerabilidade financeira significa trazer à tona a questão educacional. É muito mais provável uma pessoa com baixo nível de instrução ter carência de recursos financeiros do que uma pessoa com alto nível educacional. O fechamento das escolas durante o período de isolamento social tem sido considerado, no mundo todo, uma catástrofe em termos de socialização e aprendizado das crianças, bem como na permanência de adolescentes no processo de aprendizado formal.[16]

Embora o fechamento das escolas tenha prejudicado de forma semelhante meninos e meninas, a carência da educação pode ser muito mais perigosa para elas do que para eles. Ainda segundo a OCDE,[17] para as mulheres o efeito de baixo nível educacional é prejudicial por dois fatores. Em primeiro lugar porque com pouca educação formal as mulheres têm, na média, mais dificuldade de encontrar empregos do que os homens com o mesmo nível de instrução. Complementarmente, mulheres com poucos anos de estudo formal recebem salários mais baixos do que aquelas que passaram mais tempo na escola — o que é explicado pela menor produtividade —, mas também inferiores em relação ao dos homens de baixo nível educacional. Ou seja, são penalizadas na possibilidade de emprego e na remuneração.

Os economistas Laura Moscoviz e David Evans analisaram quarenta estudos a respeito dos efeitos da pandemia sobre o aprendizado de crianças e adolescentes ao redor do mundo. A conclusão a que chegaram é que existiram efeitos negativos e que estes são mais fortes para a população de menor renda do que para a de média ou alta renda. Esses efeitos são ainda maiores quando os estudantes moram em países de baixa ou média renda. Ou seja, é uma dupla penalização para esses estudantes: estar na base de uma hierarquia de distribuição de renda como família e, do ponto de vista geopolítico, morar em um país que está em desenvolvimento. Dessa forma, a expectativa é de que as desigualdades serão ainda maiores ao longo do tempo.

Um estudo interessante foi conduzido pelo Instituto Interdisciplinaridade e Evidências no Debate Educacional (Iede) e pelo Primeira Escolha, uma organização especializada em testes educacionais e organizacionais.[18] Foram montados minitestes baseados em antigas edições do Sistema de Avaliação da Educação Básica (Saeb), conduzidas pelo Inep/ Ministério da Educação, que foram aplicados em catorze redes públicas de ensino (treze municipais e uma estadual). Apesar da diferença da situação educacional nos anos de 2019, ano-base de comparação, e 2021, ano de aplicação dos minitestes, esse estudo revelou que o aprendizado dos alunos da rede pública foi significativamente impactado de modo negativo pelo período da pandemia.

Para língua portuguesa, foi possível constatar uma diminuição do aprendizado no 5º e no 9º anos. Mas o maior impacto foi em matemática, matéria na qual os estudantes geralmente têm mais dificuldade. Enquanto quase metade (49,9%) dos alunos do 5º ano dessas redes havia tido um desempenho adequado em 2019 nas provas de matemática do Saeb, nos minitestes de 2021 essa porcentagem caiu para 11,7%. No 9º ano, o resultado em matemática, que já era péssimo, piorou: se 14,7% dos estudantes atingiam o nível adequado em 2019, só 9,2% o faziam em 2021. Em média, isso significa um ano de perda de aprendizado para alunos do 5º ano e meio ano para os do 9º ano.

Ao mesmo tempo, um estudo conduzido por três pesquisadores da Universidade de Zurique — Guilherme Lichand, Carlos Alberto Dória e Onicio Leal Neto — em parceria com Carlos Cossi, do BID, apontou que a continuidade nas matrículas foi muito prejudicada.[19] Em algumas séries, o risco de desistência dos estudos aumentou em mais de 300% em 2020: de cerca de 10% em 2019 para 35% no ano seguinte (e 31% em 2021). O problema não se encerra com o fim da pandemia e o retorno às aulas presenciais. Muitos estudantes que pararam de estudar naquela época correm o risco de não voltar e, assim, de permanecer em um círculo vicioso de falta de qualificação educacional e profissional que, por sua vez, os mantém em um nível de baixo poder aquisitivo. Embora o mesmo efeito não tenha sido calculado nas escolas privadas, é possível esperar que os alunos destas não tenham sofrido uma perda da mesma proporção, o que aumenta ainda mais o potencial da desigualdade econômica e social em nosso país.

Para estudar em casa, grande parte dos alunos do ensino privado contava com computadores ou tablets que não precisavam ser compartilhados com irmãos ou pais. Já os alunos de escolas públicas sofriam com a falta de possibilidade de acesso às aulas mesmo por meio de celulares — lembrando que, no Brasil, mais de 80% dos estudantes que cursam até o ensino médio estão matriculados na rede pública.[20]

Em nossa pesquisa com as moradoras de favelas, perguntamos às entrevistadas como foi o período de ensino remoto. A realidade é alarmante. Algumas contaram que os filhos acessavam as atividades pelo celular. Relataram que os professores — em especial os de escolas públicas — enviavam as lições por meio de mensagens aos celulares dos pais. O que poderia ser copiado ou resolvido em folhas avulsas era feito. O que exigia a impressão por parte da família, não. Quanto às aulas remotas, em geral não era possível acessá-las. Em muitas residências, existia só um aparelho celular e mais de uma criança para utilizá-lo. Os pais e mães não queriam escolher qual dos filhos teria direito ao uso, então a solução era: ninguém assiste à aula...

Para os poucos alunos moradores de favelas que frequentavam escolas privadas, geralmente com bolsa, a realidade — falta de computadores, de impressoras, de internet e da própria ajuda por parte de adultos com as lições — era tão diferente da de seus colegas que, para suas famílias, é como se algumas escolas nem se dessem conta do nível de necessidade que seus filhos enfrentavam. As mães de crianças bolsistas em escolas particulares falavam sobre o abandono que sentiram por parte das instituições. Tinham muito medo de como seus filhos e filhas voltariam às aulas presenciais — atrasados em relação aos colegas, com certeza — e, paralelamente, sentiam culpa por não serem capazes de acompanhá-los no que eles precisavam aprender.

Uma moradora da Maré nos conta sobre a necessidade de que as crianças conseguissem acompanhar o material que era enviado pela escola por meio de apostilas:

> Eu não tenho nem estratégia nenhuma, porque eu não tenho muito conhecimento também. Eles dizem: "Mamãe, a escola deu apostila. Mas como é que eu vou entender a apostila sem a explicação do professor, como é que eu vou fazer?". E eu também não sei explicar para eles, não sei fazer também. Quando eram pequenos eu ainda conseguia, era mais fácil, mas agora...

E, quando a mãe podia ajudar uma das crianças nas tarefas, surgia o problema do tempo, como nos mostra o relato de uma moradora do Jardim Colombo:

> Eu não estou fazendo muito até porque eu não tenho tempo, é como eu falei, eu sou diarista, entendeu? E agora é que as coisas estão normalizando para mim. Eu também trabalho por aplicativo, então, assim, o aplicativo me manda um trabalho, eu pego o trabalho para amanhã, então eu chego cansada. O que eu posso fazer em casa é comida, colocar uma roupa na máquina e essas coisas todas. Sinceramente não está sobrando muito de mim para ajudá-los nessa parte, infelizmente.

As falas das mulheres entrevistadas explicam o resultado alarmante da perda de aprendizado. Essas crianças e adolescentes não tiveram condições de frequentar a escola, muito menos de assimilar o que era necessário para que permanecessem dentro do sistema de ensino. Suas famílias, mesmo que com a intenção de ajudar os filhos e filhas a recuperar o conteúdo perdido, não tinham condições tanto pela falta de tempo como por não terem o conhecimento necessário, já que a elas também faltou estudo no passado.

Foi pensando nessa perda de aprendizado que as escolas começaram a trazer os alunos novamente para as aulas presenciais, mas, em um primeiro momento, em turnos e no sistema de revezamento. A ideia era manter menos pessoas circulando nos colégios, o que diminuiria a probabilidade de contaminação pelo vírus, e, ao mesmo tempo, possibilitar o contato das crianças com seus colegas.

Embora com um objetivo importante, o esquema de revezamento tem um problema significativo: a logística familiar. Sabendo que a responsabilidade do cuidado recai quase que exclusivamente sobre as mulheres, imagine uma mãe que trabalhe como professora e, por isso, precisa estar na escola todos os dias, mas cujos filhos estão em esquemas de revezamento, muitas vezes em dias diferentes. A estrutura que se tinha programada antes da pandemia — crianças com períodos exclusivos na escola e ajuda externa contratada ou combinada com familiares e amigos para suprir o tempo restante — cai por terra. Assim, famílias inteiras precisaram rever seus esquemas de cuidado, fazer rodízio de pessoas para tomar conta das crianças quando os adultos voltaram, mesmo que de modo rotativo, ao sistema de trabalho presencial.

Pensar políticas públicas de qualidade envolve nos darmos conta de que a realidade de homens e mulheres é extremamente diferente. Em condições de igualdade de tratamento na sociedade e no mercado de trabalho, os problemas gerados pela falta de aulas ou pela necessidade de permanecer em casa com uma criança seriam divididos igualmente entre pais e mães. Entretanto, a realidade que vivemos hoje no Brasil não pode ser assim considerada. Com a maior responsabilização das mães do que dos pais no cuidado, são elas que precisam renunciar a alguns trabalhos ou encontrar alternativas quando o sistema de ensino, em especial o público, não está preparado para receber seus filhos no período que necessitam trabalhar.

Mas apenas pensar em realidades diferentes para homens e mulheres não é suficiente. Dentro do conjunto de mulheres, temos as mais privilegiadas — em geral brancas, com maior nível educacional e renda — e as menos privilegiadas — como as participantes da nossa pesquisa, de maioria negra, com pouca educação formal e um nível de renda baixo e instável. Montar políticas públicas que se adequem a diferentes realidades e necessidades é difícil, mas não impossível. Não podemos esquecer que existe, sim, discriminação no mercado de trabalho contra as mulheres e que a diferença de remuneração é tanto maior quanto mais elas tenham se qualificado. Mas, ao mesmo tempo, precisamos lembrar que muitas mulheres que ocupam cargos executivos só conseguem participar tão intensamente do mercado de trabalho por existirem tantas outras mulheres que estão em situação de grande vulnerabilidade financeira e que, até mesmo por isso, trabalham como babás, cuidadoras, empregadas domésticas e diaristas. Cuidar somente de uma ponta desse problema não chega nem perto de equacionar as dificuldades que tantas mulheres passam em nosso país.

7. Violência contra a mulher: Um fator sociocultural que impacta a economia

No penúltimo dia do ano de 1976, o assassinato de uma mulher em Búzios entrou para o noticiário nacional. Ela era Ângela Diniz, mineira de 32 anos, uma socialite. O assassino era seu companheiro, Raul Fernando do Amaral Street, o Doca Street. Décadas depois, em 2020, a Rádio Novelo trouxe de volta o caso em um podcast, o "Praia dos Ossos", e a discussão sobre quanto a sociedade brasileira havia mudado desde então. No final da década de 1970 o primeiro julgamento de Doca foi bastante leniente — ele foi condenado a dois anos de prisão, mas saiu em liberdade —, e só anos depois, em 1981, foi julgado novamente e condenado a quinze anos de prisão em regime fechado. O que teria acontecido com ele em 2020?

Aqui, é importante lembrarmos da linha de argumentação da defesa: o réu confessava ter cometido o crime, mas afirmava que estava sob intensa emoção, devido ao comportamento excessivamente liberal de sua companheira, que, mesmo já morta, foi acusada de diversas traições das quais não poderia se defender. Na época, foi alegada "legítima defesa da honra". De acordo com esse argumento supostamente jurídico, um homem poderia se sentir acuado por comportamentos inadequados de sua mulher e, para defender a honra, ultrapassaria os limites do razoável, inclusive, cometendo assassinatos. Ângela Diniz não foi a primeira mulher a ser morta por tentar gozar de sua liberdade, inclusive sexual, e infelizmente tampouco a última. Ela foi mais uma que entrou para o registro histórico por ter sido julgada por um crime que *sofreu*. Sim, o primeiro julgamento de seu assassino confesso mais pareceu um julgamento a respeito das atitudes e do estilo de vida da vítima do que do crime ocorrido.

Embora o uso da tese de "legítima defesa da honra" não fosse legalmente fundamentado,[1] ela continuou a ser utilizada em diversas ocasiões. Só em 2021 o STF decidiu que essa argumentação não poderia implicar na absolvição dos réus.[2] E apenas em 2022 um projeto de lei foi aprovado no Senado[3] para proibir essa argumentação em casos de feminicídio.

No entanto, muitas coisas no Brasil ainda permanecem como na época em que Doca Street obteve a simpatia de uma parte considerável da população brasileira... A lei nº 12 015, de 2009, define o que chamamos de estupro de vulnerável. Nesse enquadramento estão todas as conjunções carnais e atos libidinosos com pessoas menores de catorze anos, por se considerar que as crianças e adolescentes até essa idade ainda não têm maturidade suficiente para decidir se consentem ou não com o ato. Mas, em um caso ocorrido em 2017 e julgado pelo tribunal do Distrito Federal, um juiz absolveu um homem de 27 anos que havia estuprado uma menina de treze anos, alegando que o desenvolvimento físico da vítima poderia ter confundido o réu, que, dessa forma, não teria percebido que estava cometendo um crime.[4] Em outro caso bastante divulgado, um idoso de oitenta anos comprou serviços sexuais de duas adolescentes — uma delas de menos de catorze anos — e mesmo assim foi inocentado do crime, pelo "estilo de vida" da adolescente, que já nessa idade era usuária de drogas e bebidas alcoólicas.[5] São apenas duas entre tantas histórias que ilustram a ideia, reforçada pela própria Justiça, de que a vítima é culpada pelo crime que sofreu...

Longe de ser algo raro, infelizmente muitas violências contra as mulheres precisam ser comprovadas em um grau de certeza que torna inviável a própria denúncia. Em casos de abuso sexual ou estupro, a palavra da vítima é questionada e, ao invés de a mulher ter o acolhimento que se faz necessário para se recuperar física e emocionalmente, ela se torna vítima em diferentes instâncias. Ela passa pela denúncia, pelos exames médicos, pela repetição do ocorrido (ao revivê-lo em seu depoimento), mas também pelo julgamento público a respeito do "merecimento" da agressão. Em 2014, um relatório do Ipea causou muita discussão nas redes sociais por trazer à tona a percepção de possível culpabilidade das mulheres vítimas de agressões.[6] Segundo a pesquisa, 58% das pessoas entrevistadas concordavam parcial ou integralmente com a frase "Se as mulheres soubessem se comportar, haveria menos estupros".

Uma mulher que passa por uma violência tem também o encargo de provar que está dizendo a verdade. E uma criança? Em uma sociedade machista e conservadora, a fala das crianças é ainda menos credibilizada do que a da mulher adulta. Como disse a socióloga Samira Bueno em uma entrevista para o jornal *Folha de S.Paulo*: "Na maioria dos casos, é a palavra da vítima contra a do agressor, especialmente em caso de criança, porque a denúncia não é imediata. Se palavra de mulher adulta contra agressor vale pouco nesse país, imagina a palavra de uma criança".[7]

Os casos de estupro, na maioria das vezes cometidos longe dos olhares de testemunhas, acabam resultando em uma disputa de narrativas que nem sempre faz sentido. Tirar a credibilidade da vítima, imputar a ela o peso de um comportamento permissivo e passar a imagem de que existiram ambiguidades a ponto de o suspeito não ter conseguido distinguir entre o que era ou não permitido são técnicas que diminuem a chance de uma vítima de assédio ou estupro ter seu caso julgado imparcialmente.

De acordo com o Código Penal Brasileiro, em seu artigo 213, estupro é "constranger alguém, mediante violência ou grave ameaça, a ter conjunção carnal ou a praticar ou permitir que com ele se pratique outro ato libidinoso".[8] Ou seja, o Código Penal admite que é passível de punição todo ato de cunho sexual cometido sem o consentimento de ambas as partes.

Entretanto, para ser punido, o ato precisa ser devidamente julgado, e muitas vezes o próprio ritual para esse fim pode resultar em uma agressão adicional à mulher. Em 2020, durante a pandemia de covid-19, foi possível assistir ao vídeo de uma sessão de julgamento por estupro em que a vítima foi agredida verbalmente repetidas vezes pelo advogado de defesa do réu sem que esse defensor fosse coibido pelo juiz da sessão.[9] O caso acabou resultando no PL nº 5091, de 2020, ou Lei Mariana Ferrer, que prevê punição às pessoas que constrangerem ou humilharem testemunhas e vítimas durante o processo.

De acordo com o *Anuário brasileiro de segurança pública* de 2022,[10] houve um aumento de mais de 50% dos casos de estupro e estupro de vulneráveis no Brasil entre 2011 e 2021. O Gráfico 7.1 apresenta os dados evolutivos.

GRÁFICO 7.1: Evolução do número de estupros e estupros de vulneráveis no Brasil (2011-2021)

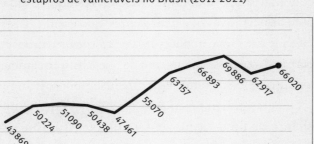

FONTE: Secretarias Estaduais de Segurança Pública e/ou Defesa Social; Instituto de Segurança Pública/RJ (ISP); Fórum Brasileiro de Segurança Pública.

Em 2021, 66 020 pessoas foram estupradas no Brasil, 79,2% delas do gênero feminino, sendo 37 872 considerados estupro de vulnerável. Ou seja, 72,4% dos casos reportados de estupro de uma mulher tiveram vítimas incapazes de impedir o ato que com elas foi praticado — seja por serem menores de catorze anos, por não poderem oferecer resistência ou por enfermidade ou doença mental que não permita discernimento para negar o ato. Esse número leva a uma taxa de 34,8 a cada 100 mil meninas menores de catorze anos estupradas em nosso país. Quando falamos de meninas e mulheres com catorze anos ou mais, a taxa cai para 13,3 a cada 100 mil. E, é importante ressaltarmos, estamos nos referindo só aos casos reportados às autoridades. Muitas mulheres, por vergonha, medo ou por não acreditar que seriam acolhidas, não denunciam a agressão.

O Gráfico 7.2 mostra um dado alarmante: a proporção de estupros e estupros de vulnerável por faixa etária, incluindo vítimas de ambos os sexos. Mais de 60% dos casos reportados têm como vítima menores de catorze anos e foram cometidos, na maioria (76,5%) das vezes, dentro da residência da criança e por uma pessoa conhecida e próxima afetivamente, quando não por uma pessoa da própria família. O núcleo familiar, que supostamente reúne, se dedica e protege seus membros, é também o epicentro de graves violências contra as crianças, em especial as meninas.

GRÁFICO 7.2: Distribuição do percentual total de estupros e estupros de vulneráveis por faixa etária

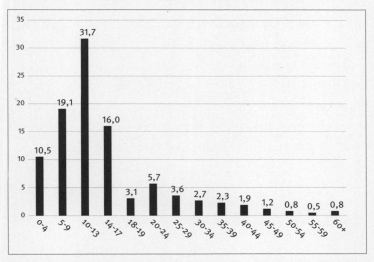

FONTE: Análise produzida a partir dos microdados dos registros policiais e das Secretarias Estaduais de Segurança Pública e/ou Defesa Social. Fórum Brasileiro de Segurança Pública, 2022.

O fato de parte dessa estatística ser tão concentrada na cauda inferior de idade pode estar relacionado com o baixo índice de denúncias de caso para pessoas com mais idade. De qualquer forma, essa concentração em pessoas com maior vulnerabilidade evidencia que os casos de agressão sexual são muito relacionados com a questão de poder, imposição de força e dominação. E essas três questões — poder, força e dominação — são extremamente conectadas com os conflitos relacionados ao gênero.

O assédio e a violência sexual contra mulheres e crianças — incluindo meninos — ligam-se à forma como socializamos homens e mulheres. A manutenção de um sistema patriarcal,* no sentido em que a posição do masculino se sobrepõe em importância à do feminino, induz a uma prática de violência sobre aqueles considerados mais fracos. Essa violência ocorre tanto quando o sentimento de poder sobre a outra pessoa predomina — como no caso de estupro — como quando o homem se sente fragilizado em sua figura masculina e precisa reafirmar seu gênero.

As sociólogas Kristin L. Anderson e Debra Umberson, no início dos anos 2000, entrevistaram 33 homens declaradamente heterossexuais que haviam cometido algum tipo de violência doméstica.[11] Analisando o discurso desses agressores, elas perceberam a tentativa deles de contrapor o suposto "racional" masculino às supostas "intempestividade"

---

* Nesse ponto, é necessário reforçar a definição de patriarcado de acordo com a teoria feminista: um sistema político e social no qual o poder é atribuído aos homens em detrimento das mulheres. É o entendimento de que homens, brancos e heterossexuais têm superioridade com relação a mulheres, pessoas de outras cores/ raças e orientações sexuais diversas.

e "irracionalidade" femininas. Suas ações violentas eram por eles percebidas como uma resposta à violência implícita e à tentativa de controle por parte de suas parceiras. As pesquisadoras concluem que a violência parecia surgir em um contexto em que os homens pretendiam defender alguma fragilidade em sua masculinidade — ou seja, um comportamento de cunho social, não uma característica biológica. Ao mesmo tempo, essa defesa do masculino como superior ao feminino seria uma forma de manter as relações desiguais de gênero e reafirmar o papel mais elevado dos homens com relação às mulheres.

A pandemia de covid-19 fez aumentar a discussão sobre o tema da violência doméstica e contra a mulher. Com as famílias fechadas dentro de casa por muito tempo, relacionamentos que já eram abusivos e violentos se tornaram ainda mais perigosos. Para o relatório "Visível e invisível: A vitimização das mulheres no Brasil",[12] pesquisadores ouviram 2079 pessoas — 1089 delas eram mulheres — em todas as regiões brasileiras no mês de maio de 2021. O estudo acompanha as questões do estresse elevado, da perda de renda pela família e do incremento do consumo de bebidas alcoólicas, e aponta uma série de fatores que teriam contribuído para o aumento da violência contra a mulher no período de distanciamento social imposto pela pandemia. Um dos dados que chamam muito a atenção é que 46,7% das mulheres que sofreram violência doméstica também perderam seus empregos. Entre aquelas que não sofreram violência doméstica a perda de emprego foi elevada porém muito inferior: 29,5%. Ou seja, embora não seja possível, com os dados do estudo, encontrar uma relação de causalidade entre sofrer violência e perder o emprego (ou o contrário), os resultados apontam para uma correlação entre os dois fatores. De alguma forma, o ambiente familiar com maior estresse e com violência — muitas vezes, física — acaba por vir ao mesmo tempo que as mulheres perdem uma fonte de renda, tornando-as ainda mais vulneráveis à violência, até mesmo pela maior dependência econômica.

Ter ou não uma alternativa de renda para seu sustento e para o sustento de seus filhos é um dos fatores que impactam fortemente as decisões das mulheres com relação a deixar um relacionamento agressivo. Embora algumas pessoas possam acreditar que a saída para o mercado de trabalho seja um dos motivos para a dissolução da família, como é afirmado em alguns discursos — em especial os religiosos —, ter um emprego pode significar a possibilidade da sobrevivência de um novo tipo de família: aquela que se compõe longe do agressor.

A necessidade de reafirmar a preponderância do masculino com relação ao feminino dá margem a todo tipo de agressão, da violência psicológica dentro de uma relação íntima à violência política. Essa última, inclusive, é um dos motivos pelos quais muitas mulheres evitam se estabelecer na carreira política.

O Instituto Alziras conduziu, em 2018, uma pesquisa com 314 prefeitas eleitas para o mandato de 2017 a 2020.[13] As respondentes elencaram as três principais dificuldades que a carreira política lhes apresentava e que atribuíam ao simples fato de ser mulher. O Gráfico 7.3 mostra os dados.

Para quase metade das entrevistadas, 48%, uma das principais dificuldades era a falta de recursos para a campanha. Entretanto, em segundo lugar, com 30% das prefeitas concor-

GRÁFICO 7.3: Principais dificuldades na carreira política das prefeitas brasileiras devido ao gênero, de acordo com elas

FONTE: Instituto Alziras, 2018.
Nota: Não soma 100%, pois a pergunta permite múltiplas respostas.

dando, vinham "o assédio e violências simbólicas no espaço político". E, não menos importante, 23% das eleitas acusavam o desmerecimento a seu trabalho e a suas falas.

É interessante entendermos o que significa cada um dos tipos de violência política a que as mulheres estão sujeitas pela conjunção de seu gênero com a escolha de atuação no ramo político. De acordo com a Cartilha sobre Violência Política de Gênero,[14] organizada pelo Observatório da Violência Política contra a Mulher e divulgada em 2021, as agressões contra as mulheres na política podem ser de natureza física (estupro e agressões corporais) ou não física (violência simbólica, moral, econômica ou psicológica).

A violência simbólica engloba falas e atos que tratem as mulheres como cidadãs inferiores aos homens. Nessa categoria entram discursos como "Só podia ser uma mulher" ou falas que as objetifiquem. Em 2020, a deputada estadual por São Paulo Isa Penna sofreu assédio sexual dentro do plenário. Seu agressor foi punido com a suspensão do mandato por seis meses.[15] Entretanto, menos de dois anos depois, um colega da deputada,[16] em um programa de entrevistas, afirmou que ela teve "sorte" em ser assediada, pois só assim seria reeleita...

A violência política de gênero constrange e inibe a participação das mulheres na esfera que formula, discute e aprova políticas públicas e leis para toda a sociedade. O próprio questionamento a respeito da necessidade da atuação feminina nesse campo também tipifica essa violência, como se as escolhas feitas por homens e mulheres, brancos e negros, heterossexuais ou LGBTQIAP+ fossem independentes da forma como cada pessoa vivencia o mundo. Afastar as mulheres do campo decisório é uma violência que impacta o presente e o futuro.

As ameaças às mulheres na política podem resultar em fatos mais graves, como ocorreu com a vereadora do Rio de Janeiro Marielle Franco. Nascida em uma das favelas da Maré, na cidade, Marielle era socióloga e foi eleita em 2016. Em 2018, foi assassinada a tiros juntamente com seu motorista, Anderson Gomes, quando voltavam de um debate promovido pelo Partido Socialismo e Liberdade (Psol). Renata Souza, deputada pelo partido, chamou esse crime de "feminicídio político", por ter acontecido em um "contexto sobre o qual ocorre a execução sumária de uma mulher com carreira ascendente na política".[17]

Feminicídio é a forma como denominamos o assassinato de uma mulher pela razão de ela *ser mulher*. Praticado dentro ou fora do contexto de violência doméstica, ele se destaca pelo menosprezo com relação às mulheres e pela discriminação contra elas. Dessa forma, nem todos os assassinatos de mulheres são feminicídios, mas a linha que os distingue muitas vezes é bastante tênue e, com isso, é real a dificuldade para que os registros desse tipo de crime sejam feitos adequadamente.

No *Anuário brasileiro de segurança pública* de 2022, os dados apontam uma queda no número de feminicídios em 2021, após o aumento entre 2019 e 2020. O Gráfico 7.4 apresenta a evolução no número de feminicídios entre 2016 e 2021. Embora os números já sejam impactantes, é importante separarmos esses dados por cor/ raça para evidenciarmos ainda mais fortemente a existência de uma diferença no risco de feminicídio para mulheres brancas e negras. No mesmo relatório vemos que, enquanto 56% da população brasileira é negra (preta ou parda, de acordo com as definições do IBGE), entre as mulheres que foram assassinadas por feminicídio as negras representam 62%. Essa distância de seis pontos percentuais — que representa mais de 10% de diferença entre os dois dados — mostra, uma vez mais, a importância de uma análise interseccional que permita o acesso aos diferentes riscos e situações que distintos grupos de mulheres enfrentam em um mesmo país.

Como a lei que define feminicídio foi promulgada em 2015 (lei nº 13104),[18] os dados só passam a ser separados dos outros homicídios de mulheres no ano seguinte, 2016. O Gráfico 7.4 mostra o aumento sistemático no número de crimes desse tipo entre 2016 e 2020, quando a estatística atinge seu pico

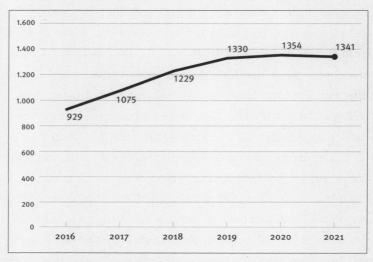

GRÁFICO 7.4: Número de feminicídios por ano (2016-2021)

Fonte: *Anuário brasileiro de segurança pública 2022*, gráfico 31. Secretarias Estaduais de Segurança Pública e/ou Defesa Social; Observatório de Análise Criminal/ NAT/ MPAC; Coordenadoria de Informações Estatísticas e Análises Criminais – Coine/RN, Instituto de Segurança Pública/ RJ (ISP); Instituto Brasileiro de Geografia e Estatística (IBGE); Fórum Brasileiro de Segurança Pública.

desde a primeira divulgação. Entretanto, dada a dificuldade em caracterizá-lo — se ocorreu pela condição de a vítima ser mulher ou por outra motivação —, existe a possibilidade de, dependendo da pessoa que registre a ocorrência, o entendimento ser diferente.

A Tabela 7.1 apresenta os dados de homicídios de mulheres e feminicídios de forma separada e por estado. O dado agregado, para o Brasil como um todo, mostra que dos 3878 homicídios de mulheres em 2021, 34,6% foram feminicídios.

Mas o percentual de feminicídios com relação aos homicídios de mulheres varia bastante dependendo do estado. Por exemplo, enquanto no Distrito Federal 58,1% dos homicídios de mulheres são caracterizados como feminicídio, no Ceará, somente 9,1% o são. Em que pese a questão cultural de cada região, com maior ou menor nível de preconceito e discriminação contra as mulheres, se analisarmos os dados dos estados vizinhos ao Ceará, os números permanecem muito díspares. No Piauí, 50% dos homicídios de mulheres são classificados como feminicídio; no Rio Grande do Norte, 26,7%. Já na Paraíba e em Pernambuco, os dados são 38,6% e 37,4%, respectivamente.

O feminicídio, a forma mais brutal de violência contra a mulher, escancara uma crença de que a disparidade de força e oportunidades entre homens e mulheres seja "natural". É através dessa visão de superioridade com relação às mulheres que alguns homens acreditam ser parte de seus direitos agredir e matar, por exemplo, as companheiras que pedem a separação, quando isso não é também um desejo deles.[19] Em linhas gerais, segue o mesmo raciocínio do crime contra Ângela Diniz no final dos anos 1970: qual a liberdade que as mulheres podem ter? O conservadorismo de parte da sociedade acaba sendo um peso não só para as mulheres, que se tornam vítimas, muitas vezes fatais, mas para os próprios homens que precisam manter uma aparência de poder e força — o que chamamos de masculinidade tóxica — que não necessariamente se sustenta nos tempos atuais.

Como possibilidade para o enfrentamento dessas agressões, surgem alternativas de leis, programas específicos e tantas outras tentativas de diminuição da violência contra a mulher. A Lei Maria da Penha,[20] de 2006, foi um marco na legislação protetiva para a mulher ao definir os diversos tipos

TABELA 7.1: Homicídios com vítimas mulheres e feminicídios (2020-2021)

Brasil e unidades da Federação	Homicídios				
	Vítimas mulheres				Variação (%)
	Números absolutos		Taxa(*)		
	2020	2021	2020	2021	
Brasil	3999	3878	3,7	3,6	-3,8
Acre	31	29	6,9	6,4	-7,8
Alagoas	98	67	5,6	3,8	-32,0
Amapá	20	23	4,6	5,2	12,9
Amazonas	68	110	3,2	5,2	59,3
Bahia	447	431	5,8	5,6	-4,0
Ceará	329	339	7,0	7,1	2,4
Distrito Federal	39	43	2,5	2,7	8,9
Espírito Santo	102	107	4,9	5,1	3,8
Goiás	106	130	3,0	3,6	21,0
Maranhão	125	134	3,5	3,7	6,5
Mato Grosso	104	85	6,0	4,8	-19,3
Mato Grosso do Sul	111	84	7,8	5,9	-25,1
Minas Gerais	437	419	4,0	3,9	-4,7
Pará	181	183	4,2	4,2	0,0
Paraíba	94	83	4,5	3,9	-12,2
Paraná	229	208	3,9	3,5	-9,8
Pernambuco	228	230	4,6	4,6	0,3
Piauí	61	74	3,6	4,4	20,9
Rio de Janeiro	200	161	2,2	1,8	-19,9
Rio Grande do Norte	75	75	4,1	4,1	-0,8
Rio Grande do Sul	233	236	4,0	4,0	0,9
Rondônia	56	49	6,3	5,5	-13,5
Roraima	16	26	5,3	8,3	57,5
Santa Catarina	104	106	2,8	2,9	0,7
São Paulo	424	366	1,8	1,5	-14,3
Sergipe	42	42	3,5	3,5	-0,9
Tocantins	39	38	4,9	4,8	-3,7

FONTE: *Anuário brasileiro de segurança pública 2022*, tabela 23 (adaptada). Secretarias Estaduais de Segurança Pública e/ou Defesa Social; Observatório de Análise Criminal/NAT/MPAC; Coordenadoria de Informações Estatísticas e Análises Criminais (Coine/RN); Instituto de Segurança Pública/RJ (ISP); Instituto Brasileiro de Geografia e Estatística (IBGE); Fórum Brasileiro de Segurança Pública.

Feminicídios					Proporção de feminicídios em relação aos homicídios de mulheres	
Números absolutos		Taxa(*)		Variação (%)	Em percentual (%)	
2020	2021	2020	2021		2020	2021
1354	1341	1,3	1,2	-1,7	33,9	34,6
12	13	2,7	2,9	6,8	38,7	44,8
35	25	2,0	1,4	-28,9	35,7	37,3
9	4	2,1	0,9	-56,4	45,0	17,4
16	23	0,8	1,1	41,6	23,5	20,9
113	88	1,5	1,1	-22,5	25,3	20,4
27	31	0,6	0,7	14,1	8,2	9,1
17	25	1,1	1,6	45,2	43,6	58,1
26	38	1,3	1,8	44,6	25,5	35,5
44	54	1,2	1,5	21,1	41,5	41,5
65	58	1,8	1,6	-11,3	52,0	43,3
62	43	3,6	2,4	-31,5	59,6	50,6
41	37	2,9	2,6	-10,7	36,9	44,0
151	154	1,4	1,4	1,4	34,6	36,8
67	64	1,5	1,5	-5,5	37,0	35,0
36	32	1,7	1,5	-11,6	38,3	38,6
73	75	1,2	1,3	2,0	31,9	36,1
75	86	1,5	1,7	14,0	32,9	37,4
31	37	1,8	2,2	18,9	50,8	50,0
78	85	0,9	0,9	8,4	39,0	52,8
13	20	0,7	1,1	52,7	17,3	26,7
80	96	1,4	1,6	19,5	34,3	40,7
14	16	1,6	1,8	13,0	25,0	32,7
9	5	3,0	1,6	-46,1	56,3	19,2
57	55	1,6	1,5	-4,6	54,8	51,9
179	136	0,8	0,6	-24,6	42,2	37,2
14	20	1,2	1,7	41,6	33,3	47,6
10	21	1,3	2,6	107,6	25,6	55,3

NOTA: A lei nº 13 104, de 9 de março de 2015, qualificou o crime de feminicídio quando ele é cometido contra a mulher por razões da condição de sexo feminino. Considera-se que há razões de condição de sexo feminino quando o crime envolve violência doméstica e familiar e menosprezo ou discriminação à condição de mulher.
(*) Taxa por 100 mil mulheres.

de agressão — não só a física e sexual, mas também a psicológica, moral e patrimonial — e orientar as formas de prevenção e assistência à vítima. Na pesquisa que realizamos em 2020 em conjunto com o Núcleo de Mulheres e Territórios, chama a atenção o elevado nível de conhecimento por parte das mulheres moradoras nas favelas a respeito dessa lei. Elas não apenas sabem do que se trata como também identificam as possibilidades de recursos que a lei oferece. Entretanto, esse conhecimento não se reflete em segurança efetiva.

Em uma pesquisa realizada por Anderson da Silva Rosa, professor da Unifesp, e Ana Cristina Passarella Brêtas, socióloga e ex-professora da mesma universidade, a abordagem da violência às mulheres em situação de rua mostra alguns dos efeitos da efetividade falha da Lei Maria da Penha.[21] Os pesquisadores acompanharam por dez meses, entre 2010 e 2011, a vida de cem mulheres em situação de rua na área central da cidade de São Paulo e, após esse período, realizaram entrevistas de profundidade com 22 mulheres em abrigos da prefeitura. Nos relatos de violência e vulnerabilidade a que elas estavam expostas na rua também apareciam os motivos pelos quais lá se encontravam: grande parte delas acusava a falta de vínculos afetivos e recursos financeiros, inclusive recursos públicos ou institucionais, que permitissem que elas deixassem uma situação de extrema violência dentro de casa para conseguirem sobreviver. Apesar de terem resistido a inúmeras violências dentro do ambiente familiar e doméstico, quando chegaram a uma situação-limite — com possibilidade de serem assassinadas, inclusive — a falta desses recursos auxiliares tornou a situação de rua a única saída.

Uma das questões que se levanta é com relação à efetividade da medida protetiva, uma ação extremamente necessária para prevenir que a agressão não se repita e não evolua para um feminicídio, por exemplo. As medidas protetivas são ordens judiciais que visam a proteção de uma ou mais pessoas que estejam em risco. Dentro do conjunto de medidas da Lei Maria da Penha, existem as medidas protetivas de urgência (MPU),[22] que variam desde o afastamento do agressor e a proibição de que se aproxime da vítima até a restituição de bens que tenham sido subtraídos de forma indevida por ele — ligadas ao patrimônio do casal ou da família.

Em 2012, quando Merike Blofield e eu conduzíamos grupos focais para a pesquisa sobre a importância de creches e pré-escolas para o trabalho das mães,[23] escutamos diversos relatos a respeito de violência. Em um deles, uma mulher de aproximadamente 35 anos contou que fora três vezes à Justiça pedir autorização para sair com seus filhos da cidade no interior onde residia, pois estava sendo ameaçada por seu ex-marido. O juiz negou seu pedido todas as vezes, afirmando que o pai das crianças tinha direito a ver os filhos e, se ela mudasse para a capital, estaria impedindo o homem de fazê-lo. Algum tempo depois, esse homem tentou matá-la. Ela ficou internada por dias e só assim conseguiu autorização para se mudar com os filhos para a cidade onde vivia havia mais de dois anos quando conversamos.

Pela Lei Maria da Penha, a medida protetiva pode restringir ou suspender as visitas aos filhos, caso o juiz ou a juíza considere que podem significar um risco para a segurança da mulher. Embora a Lei Maria da Penha já estivesse em vigor na época desse relato, o cumprimento das medidas protetivas e das ações determinadas pela Justiça muitas vezes é ineficaz ou muito lento.

Falar em medida protetiva para pessoas de renda mais elevada também é diferente de falar em medida protetiva para pessoas de baixa renda. Em nosso estudo dentro das favelas, escutamos de muitas mulheres sobre a dificuldade de a medida protetiva ser cumprida. Algumas declaram não ter apoio da família para poderem mudar de residência, outras afirmam entender que o próprio companheiro não tem para onde se mudar e, mesmo que o faça, não consegue se afastar a distância que foi determinada. Em um dos casos relatados, uma mulher foi até a delegacia de polícia pedir a medida protetiva e os policiais a orientaram a pedir ajuda ao "poder paralelo", pois eles não tinham como entrar no local da favela onde seu companheiro estava... Essa mulher voltou à favela, conversou com um dos chefes da facção que dominava a área e, quando retornou para casa, seu companheiro já tinha sido avisado de que precisava ir embora e estava se retirando do imóvel que dividiam.

Nesse caso, a instância informal de poder funcionou de forma mais rápida do que o próprio poder da lei. Mas contar com uma lei informal ou um poder baseado em uma possibilidade de violência em caso de descumprimento de ordens de outros civis não é a saída para protegermos e empoderarmos as mulheres. As mesmas mulheres que nos contam da proteção recebida pelo tráfico também narram a impossibilidade — sendo o impossível algo de fato intransponível, não somente algo difícil de ser atingido — de conseguirem ajuda quando são agredidas por homens que participam do tráfico ou de facções criminosas que atuam nas favelas. Persiste a necessidade de fazer com que todos os espaços, independentemente da classe social, estejam dentro dos mesmos direitos e deveres e sejam protegidos pelo mesmo Estado de direito.

Em algumas situações, mesmo quando é possível que o Estado e sua força policial entrem nas favelas e atuem de forma adequada, a falta de treinamento e/ou entendimento sobre a gravidade das agressões impedem as ações. Ainda nessa mesma pesquisa, colhemos alguns depoimentos interessantes. Em um deles, uma mulher que já tinha mais de duas décadas de casamento contou que foi agredida com empurrões em uma discussão e foi até a delegacia para denunciar. Entretanto, foi desencorajada pelos policiais ao escutar que o marido iria preso e os filhos ficariam sem pai. Segundo seu relato, "quando a mulher vai procurar uma ajuda, ela não é mais vítima, sabe? Parece que ela é a culpada de tudo o que acontece".

Em outro caso, também na cidade de São Paulo, uma de nossas entrevistadas contou que pediu ajuda duas vezes à polícia. Na primeira, os policiais foram até sua casa após ela ter sido agredida, mas pediram que a própria vítima dormisse em outro lugar até o marido "se acalmar". Na segunda agressão, escutou que não teriam como enquadrar na Lei Maria da Penha porque ela tinha poucos machucados aparentes. Foi dito a ela que precisava apanhar mais para poder ser ajudada...

Se a busca por socorro acaba por fazer a mulher se sentir culpada por seus filhos terem o pai preso na demanda de que a agressão seja mais visível para não ter questionamentos a respeito, qual é o nível de proteção que essas mulheres efetivamente recebem? A lei brasileira é bastante clara em proteger as pessoas e considerá-las inocentes até que se prove o contrário, entretanto, quando se trata dos direitos das mulheres, em caso de dúvidas a palavra delas geralmente é posta em xeque.

No caso chocante e sem precedentes de um anestesista que estuprava as pacientes *durante o parto* em um hospital do Rio de Janeiro, foi preciso uma ação extrema por parte das enfermeiras.[24] Já suspeitando do comportamento estranho do médico durante as cesarianas das quais ele participava, elas decidiram filmá-lo na tentativa de provar o crime. Embora não estivessem vendo a agressão que estava sendo filmada, quando o caso veio à tona muitas pessoas questionaram o motivo pelo qual as enfermeiras não interromperam o ato ou a razão para não terem denunciado o médico antes que ele agisse novamente. Entretanto, a inexistência de um filme mostrando o absurdo da situação poderia resultar em uma denúncia que não seria levada adiante, pois não haveria provas do ocorrido.

O caso trouxe de volta a discussão sobre violência obstétrica. Esse tipo de agressão não é caracterizado por legislação no Brasil, entretanto já é tipificado como tal pela Organização Mundial da Saúde (OMS) desde 2014,[25] quando ela assegura o direito à confidencialidade, à privacidade, ao incentivo à tomada de decisões informada a respeito de sua saúde sexual (métodos contraceptivos, alternativas de tratamento etc.), à equipe de saúde qualificada e à disponibilidade de suprimentos e equipamentos de qualidade no trato da saúde da mulher. A vulnerabilidade de qualquer paciente, independentemente de seu gênero, perante uma equipe médica é inquestionável. Em uma cultura em que a voz da mulher é menos escutada e na qual se desvaloriza a dor que ela possa estar sentindo, chamando-a de "mimimi" ou "exagero", a violência obstétrica tem maior chance de ocorrer.

Mais uma vez, o risco é maior para mulheres negras e pobres. É o que mostra o estudo conduzido por pesquisadores da Escola Nacional de Saúde Pública Sergio Arouca, da Fundação Oswaldo Cruz (Fiocruz).[26] Usando dados da pesquisa "Nascer no Brasil: Pesquisa nacional sobre parto e nascimento", eles mostram que as mulheres negras, em comparação às brancas, têm uma experiência muito mais delicada no parto de seus filhos.

As diferenças e vulnerabilidades já se iniciam antes do parto. Mulheres negras têm uma experiência de pré-natal com menos consultas e exames do que as brancas. E, mesmo tendo garantida por lei a vinculação com uma maternidade[27] — ou seja, a gestante que é assistida pelo SUS tem direito a saber previamente em qual maternidade o parto será realizado —, mulheres negras acabam por receber menos informação a respeito dos riscos e recomendações para o parto e menos orientação sobre os locais onde ele poderá ser feito. Não surpreende que as mulheres negras sofram a chamada "peregrinação para o parto", que é a busca por mais de um hospital no momento da internação para dar à luz o bebê. E, durante o parto, elas também recebem doses menores de anestesia — o que reforça o preconceito racial contra pessoas negras, como se fosse possível algum tipo de diferença biológica e que elas sentissem menos dor e, por isso, não precisassem do mesmo cuidado dispensado às parturientes brancas.

Em um caso relatado para a Agência Pública,[28] uma mulher negra conta como foi seu quinto parto. Moradora da Zona Sul da capital paulista, ela passou pela peregrinação para o parto: foram quatro hospitais antes de ser internada para ter seu bebê. O motivo principal da escolha do hospital em que finalmente conseguiu a internação foi a possibilidade da presença do marido durante o parto — a lei nº 11108, de 2005, garante a todas as parturientes que utilizam o SUS o direito a acompanhante antes, durante e depois do parto,[29] mas não é necessariamente cumprida, em especial no caso de parturientes negras. Após mais de doze horas em trabalho de parto sem qualquer tipo de anestesia, essa mulher recebeu uma dose de ocitocina, um hormônio que aumenta as contrações e que causa ainda mais dor. (Segundo a Organização Mundial da Saúde, a ocitocina é recomendada *após* o parto, para evitar hemorragias.) O maior uso de ocitocina em mulheres negras do que nas brancas também foi constatado pelo estudo citado. Nessa situação e tendo que escutar que era "forte" e que poderia lidar com as dores do parto, a parturiente continuou insistindo em uma cesárea, o que só ocorreu catorze horas após sua internação.

Essa história está longe de ser exceção, mesmo quando pensamos em nações mais desenvolvidas. Infelizmente, estudos em diversos países mostram que o racismo institucionalizado e interiorizado faz com que as mulheres negras sejam mais maltratadas pelos sistemas de saúde e pelos profissionais que as atendem. Nos Estados Unidos, elas têm três vezes mais risco de morrer no parto do que mulheres brancas. Essa taxa não se deve a condições biológicas diferentes, mas sim à forma distinta com que são tratados os pedidos de umas e de outras. O racismo internalizado faz com que a equipe médica e de enfermagem muitas vezes desconsidere em maior proporção o pedido de mulheres e pessoas negras por mais anestesia ou por medicamentos que aplaquem a dor, em diversas situações.

Isso não acontece com pessoas brancas, mesmo em distintas condições socioeconômicas. Serena Williams, uma das tenistas mais conhecidas do mundo, conta sobre a experiência do parto de sua primeira filha[30] e como foi difícil que a equipe médica considerasse seu relato de dor. Após uma cesárea de emergência, ela começou a sentir dores e dificuldade em mexer o corpo. Por ter tido experiência com uma trombose pulmonar, Serena insistia em receber medicamento anticoagulante e passar por exames adicionais. Seu pedido demorou para ser atendido. O resultado foram três cirurgias adicionais no período de sete dias após o parto. Desde então, Serena Williams se tornou a voz sobre a dificuldade que mulheres negras sofrem para terem suas dores físicas consideradas seriamente em atendimentos médicos.

Em um contexto de economia, é importante falarmos de violência contra a mulher — em especial ao discutirmos a economia do ponto de vista feminista —, pois a violência influencia e é influenciada pelas características de trabalho, de qualificação e alternativas de vida que as próprias mulheres têm. Ter um nível educacional mais elevado e uma renda que permita seu sustento, além de apoio por parte da família e círculo de convivência, são fatores determinantes para que a mulher consiga se proteger de muitas violências.

Entretanto, também é importante nos darmos conta de que a violência doméstica contra a mulher não é uma exclusividade dos lares mais pobres e/ou de baixo nível educacional. A violência doméstica e contra as mulheres existe em todas as faixas de renda, sendo mais evidente e severa nos casos em que as mulheres não têm renda própria e autonomia para deixarem a relação. A pesquisadora Tânia Rocha, da Universidade Estadual do Sudoeste da Bahia, fez um estudo qualitativo,[31] baseado em entrevistas semiestruturadas,* para entender os motivos pelos quais mulheres de renda mais elevada — parte de sua amostra continha mulheres que ganhavam em torno de quarenta salários mínimos por mês — não deixavam relacionamentos violentos. Tânia concluiu que o papel da dependência emocional é o principal fator para a permanência na relação conjugal. A fim de conseguirmos lidar com essa questão adicional, o trabalho de sensibilização para questões de gênero e papéis sociais de homens e mulheres é vital.

A prevenção e a eliminação da violência contra a mulher passam por uma política de Estado informada e cuidadosa. Em dezembro de 2021, a Câmara dos Deputados discutiu, em uma comissão, a possibilidade de agilizar a autorização de porte de armas para mulheres vítimas de violência doméstica e que estão sob medida protetiva.[32] Embora o argumento pareça lógico — elas teriam um suposto meio de se proteger de ataques dos agressores —, a medida não necessariamente traria benefícios para elas. Sem o devido treinamento, é possível que o número de mulheres assassinadas aumentasse, de acordo com as representantes da Associação dos Delegados

---

* Uma entrevista semiestruturada parte de um roteiro de perguntas mas permite flexibilidade tanto para aprofundar questões com as pessoas entrevistadas como para adaptar o roteiro durante a própria entrevista a fim de colher informações específicas com cada pessoa da amostra. Essa metodologia faz com que o processo de entrevista seja mais dinâmico e fluido e menos engessado em um roteiro fixo a ser cumprido exatamente da mesma forma em toda a amostra.

e Polícia do Brasil e da Associação dos Delegados de Polícia do Rio de Janeiro. Diversos estudos[33] apontam a ineficácia de porte de armas como forma de controlar a violência em geral. Existe maior probabilidade de haver armas em domicílios em que as mulheres sofreram agressão do que em domicílios que elas não sofreram,[34] então argumentar em favor de maior liberalização de porte de armas como forma de proteger as mulheres também não faz sentido. Na audiência da Câmara, as representantes das duas associações de delegados citadas acima, da Comissão da Mulher da Ordem dos Advogados do Brasil (OAB) e da ONG Instituto Sou da Paz apontaram que outras medidas são mais urgentes e efetivas, como treinar melhor todas as instâncias policiais e militares para defender as mulheres em casos de violência doméstica, equipar melhor as delegacias já existentes e abrir novas delegacias especializadas às quais as vítimas possam recorrer.

O *Anuário brasileiro de segurança pública*, entre outras pesquisas, aponta as lacunas que ainda temos com relação às medidas protetivas de urgência, à dificuldade de acesso a delegacias, que apresentam baixo nível de treinamento para a questão da violência doméstica, e às poucas vagas em programas de proteção oferecidas para acolhimento de mulheres em situação de vulnerabilidade em relação a companheiros e/ou familiares agressivos. No entanto, existem algumas ações, mediadas ou não por instituições e esferas governamentais, que já se tornaram referência. Durante a pandemia de covid-19, quando a prefeitura da cidade de São Paulo lançou um pacote de medidas buscando a proteção das mulheres em situação de violência doméstica; uma delas era o pagamento de uma diária-auxílio para que elas pudessem sair de casa e ir para um hotel, enquanto outros procedimentos para distanciamento entre vítima e agressor eram feitos.

A abertura de novas casas de acolhimento, com treinamento adequado, auxílio psicológico e até mesmo treinamento profissional para que essas mulheres conquistem a independência financeira, pode significar a diferença entre a permanência em um lar violento (ou a vivência de situação de rua) e a libertação e proteção dessas mulheres e crianças.

Entretanto, o evitamento de situações de violência de gênero ou doméstica passa por uma mudança de cultura muito mais profunda. A forma como criamos os meninos para prover e as meninas para cuidar é um reforçador de vieses e preconceitos que acabam por sustentar relações desiguais de poder que, em última instância, resultam em diversas formas de violência. A tentativa de uma educação para a equidade de gênero, para que meninos e meninas consigam conviver em relações equitativas de poder, traz resultados animadores. Estudos que relacionam a sensibilização de crianças para um mundo menos violento e com tratamento digno às pessoas, independentemente de seu gênero, apontam para uma diminuição do potencial de violência contra as mulheres.[35]

Em um estudo realizado em parceria entre o Horizons Program e o Instituto Equimundo,[36] verificou-se como é possível implementar programas de equidade de gênero. A partir de grupos de homens entre catorze e 25 anos nas comunidades de baixa renda da Maré, de Bangu e do Morro dos Macacos, no Rio de Janeiro, os pesquisadores montaram duas estratégias de ação. A primeira era focada em oficinas dadas por homens treinados nos temas de equidade de gênero e prevenção de HIV e outras doenças sexualmente transmissíveis. Nas oficinas eram apresentados dados, vídeos e discussões sobre temas ligados ao que significava ser um homem na atualidade e qual o papel que eles percebiam que essa masculinidade tinha nas interações sociais e em níveis de violência. Uma segunda estratégia foi promover campanhas para toda a comunidade, o que movimentava a discussão não somente para esses pequenos grupos, mas para o entorno dessas pessoas.

A pesquisa concluiu que nos seis e doze meses após o término do programa — quando aconteceram as checagens dos pesquisadores — houve um aumento no uso de camisinha nas relações sexuais — casuais ou não —, e ainda que a promoção de normas mais equitativas de gênero foi estabelecida. A partir do momento que esses jovens conseguiam perceber que as normas sociais mais tradicionais de diferença de percepção entre os gêneros também os prejudicavam — e não só às mulheres —, houve a possibilidade de discutir um novo papel para a masculinidade e a forma de exercê-la. Ou seja, a sensibilização para essa possibilidade de atuação do homem em maior paridade com a mulher aumentou a probabilidade de relacionamentos mais saudáveis e com menos violência.

Diminuir a violência contra as mulheres é aumentar as chances de crescimento econômico de um país. De acordo com o Banco Mundial,[37] o custo da violência doméstica — que é só um dos tipos de agressão contra a mulher — é de 1,2% a 2% do PIB. Embora essa medida não consiga abranger os custos indiretos nos filhos — menor frequência à escola, consequências psicológicas da violência doméstica —, ela inclui as despesas médicas dos tratamentos que as vítimas precisaram, os custos legais do processo — que pode incluir o gasto público com o encarceramento do agressor — e a perda da produtividade das vítimas no mercado de trabalho. Uma mulher que sofre violência não só tem mais dificuldade para participar do mercado de trabalho[38] como apresenta maior probabilidade de desenvolver doenças psíquicas[39] (depressão, tentativa de suicídio) e crônicas[40] (dores crônicas, insônia) do que as mulheres que não sofrem violência, o que pode dificultar até mesmo a busca por ajuda para romper o ciclo da violência.

A motivação moral com relação às potenciais perdas individuais dessas mulheres — de qualidade de vida e até de risco de morte — já é motivo suficiente para estudarmos esse assunto dentro da economia, mas as perdas financeiras também dão suporte para que esse assunto seja foco de estudos da área. Economistas feministas se aliam a pesquisadores de diversas áreas, como sociologia e psicologia, para tratar desse tema. O preconceito e a discriminação contra as mulheres são a base para muitas violências — física, psicológica, moral... — que não deveriam ser suportadas.

Epílogo

> Ah, comigo o mundo vai modificar-se. Não gosto do mundo como ele é.
>
> Carolina Maria de Jesus

Em 2022, o Brasil comemorou duzentos anos da Proclamação da Independência, evento histórico cuja figura central consagrada é d. Pedro I. Discute-se qual o animal que o carregava na hora do grito do Ipiranga, ou se ele na verdade tinha comido feijoada e estava com uma indisposição gástrica no momento; como parte dos festejos do bicentenário, seu coração foi trazido para o Brasil. Muito menos mencionado, no entanto, é o papel da imperatriz Leopoldina, que havia trabalhado nos bastidores para tornar viável a separação entre Brasil e Portugal e cinco dias antes do famoso Sete de Setembro de 1822 já assinara o decreto de independência de nosso país.[1]

No mesmo período, muitas revoluções se iniciaram no país, e Maria Quitéria — a princípio de cabelos cortados e vestida com o uniforme de seu cunhado, pois não era usual a participação das mulheres no combate e seu pai era terminantemente contra — foi a primeira mulher a participar do Exército brasileiro. Também esteve na luta pela independência da Bahia Maria Felipa de Oliveira, personagem que aparece ainda menos nos relatos das lutas da Independência do Brasil, até mesmo pela falta de registros formais a seu respeito — foi uma ex-escravizada liberta que defendeu a ilha de Itaparica dos portugueses em 1823. Por sua condição, os registros que temos dessa pessoa tão importante da história permanecem vivos somente através da tradição oral e por algumas obras que contam seus feitos.[2]

A história do Brasil, assim como a mundial ou a da ciência, sofre um apagamento de nomes de mulheres. No mundo todo, mulheres trabalharam, estudaram e fizeram grandes contribuições para o conhecimento, a cultura, a sociedade, mas foram esquecidas em grande parte das narrativas que nos chegam. Dentro da economia neoclássica, infelizmente muitos temas que determinam a (in)visibilidade de impactos específicos na vida das mulheres não são discutidos. Por isso é tão valiosa a existência da economia feminista, campo de pesquisa dedicado a olhar os problemas econômicos e as soluções propostas considerando os efeitos diferenciados para homens e mulheres.

Discussões importantes estão na nossa frente e precisamos ter coragem para enfrentá-las. Não é possível que nos anos 2020 tenhamos casos de meninas de onze anos de idade que já passaram por duas gestações.[3] Essas meninas têm o direito ao aborto garantido por lei, mas, mesmo assim, nem sempre conseguem acesso a ele. O direito das mulheres passa pelo direito com relação aos seus corpos. A discussão profunda e madura sobre a descriminalização ou legalização do aborto se faz necessária para além de crenças religiosas. Nesse momento, o aborto é legalizado em quatro países da América Latina (Argentina, Guiana, Guiana Francesa e Uruguai), descriminalizado em dois (Chile e Colômbia) e proibido com exceções em seis (Brasil, Bolívia, Equador, Paraguai, Peru e Venezuela).

Legalizar ou descriminalizar o aborto não significa que as mulheres sejam obrigadas a abortar — e não deveria nem ser necessário escrever essa frase! Cada uma, de acordo com suas crenças e necessidades, terá o livre-arbítrio sobre sua decisão. O impacto de uma gestação de risco ou indesejada na vida de uma mulher é muito maior do que a consequência na vida do homem que a engravidou, e essa é a grande questão. Da mesma forma, a decisão de prosseguir com um aborto também tem consequências maiores — para não dizer exclusivas — para elas do que para eles. Como exemplo: no emblemático caso, narrado no podcast "O caso das 10 mil", de uma clínica de planejamento familiar do Mato Grosso do Sul onde abortos legais e ilegais ocorriam, mais de mil mulheres foram, inicialmente, acessadas judicialmente com a acusação de terem feito abortos ilegais; homens, apenas seis.[4] Quando uma gravidez é interrompida, é a mulher quem acaba prestando contas à Justiça — mesmo que o aborto tenha sido combinado, solicitado ou até incentivado por seu parceiro.

É importante lembrarmos que ter filhos em nossa sociedade ainda significa, para as mulheres, a possibilidade de perder o emprego, ser discriminada ou ter uma carga de responsabilidade de cuidado desproporcional ao exigido para os homens na mesma situação. Como analisar escolhas profissionais de homens e mulheres sem entendermos e incluirmos explicitamente em nossos modelos teóricos que as normas sociais os afetam de forma tão desigual?

Já se faz imperativo que as noções de pobreza e de extrema vulnerabilidade social deixem de ser alvo de preconceito. Estar em condição de rua, dormir nas calçadas ou pedir dinheiro nas esquinas de nossas cidades não são opções racionais para nenhum ser humano. Em nossas cidades, em especial nos grandes centros urbanos, movimentos de luta por moradia digna para todos são essenciais para garantir o direito à cidadania das pessoas menos privilegiadas — e aqui coloco um convite para se conhecer mais de perto dois deles, de São Paulo, nos quais tive a oportunidade de conviver com suas líderes, mulheres: o Movimento Sem Teto do Centro (MSTC) e a União dos Movimentos de Moradia de São Paulo (UMM-SP).[5] E, mais uma vez, falar de condições de desvantagem social é falar de mulheres. É, também, nos darmos conta da (des)proporção de mulheres negras dentro desse grupo.

Família é um grupo de pessoas com laços biológicos, afetivos ou legais que podem ou não residir em um mesmo domicílio. Supostamente, a família se apoia e se ajuda em situações de instabilidade pessoal, financeira ou de saúde. Entretanto, também é dentro dela que ocorrem abusos, assédios, agressões e estupros. Como trabalhar a instituição familiar dando possibilidade para que todas as pessoas que a ela pertençam tenham condições de escolher continuar ou não fazendo parte do grupo? A resposta passa por criar possibilidades de renda de forma digna para todos os adultos, pela educação das crianças e adolescentes, pelo desenvolvimento de uma cultura de total respeito à diversidade de opiniões e de condições de vida. Não é viável aceitarmos que a manutenção da instituição familiar passe pela subjugação perpétua das mulheres, por menor acesso à educação — para que elas não queiram "abandonar" o casamento, como ainda se escuta — ou pela rigidez na própria definição de família, impedindo pessoas LGBTQIAP+ de constituírem livre e legalmente seus laços familiares.

Todos os temas ligados ao excesso de privilégio de um grupo em detrimento de outro são relevantes. Falar de assédio sexual dentro das empresas é vital para que as mulheres tenham paz e liberdade em seus ambientes de trabalho. Não menos importante é falarmos de violência doméstica e contra a mulher. Discutir o sistema de trabalho que segrega os homens das mulheres e discrimina mulheres, negros, pessoas de orientação sexual e de gênero diversas, idosos e portadores de deficiência é pré-requisito para que, um dia, possamos falar de meritocracia. Valorizar o trabalho reprodutivo e de cuidado ao mesmo tempo que preservamos o direito às licenças de mães e pais e permitimos que suas carreiras profissionais possam continuar evoluindo faz parte de condições de equidade profissional para todos os grupos.

Nós nos revoltarmos com os níveis de pobreza e desigualdade nacionais, com 15,5% dos brasileiros vivendo em situação de insegurança alimentar grave — são mais de 33 milhões de pessoas —,[6] seria o mínimo para nos considerarmos humanos e cumprirmos o marco civilizatório que representou a Declaração dos Direitos Humanos da ONU em 1948, que em seu artigo 1 afirma: "Todos os seres humanos nascem livres e iguais em dignidade e direitos. São dotados de razão e consciência e devem agir em relação uns aos outros com espírito de fraternidade".[7]

Entretanto, para discutirmos esses assuntos e proporrmos soluções não basta boa vontade nem uma retórica polida. Precisamos de estudos que entendam as diversas realidades que temos em nosso país. Temos uma realidade para as mulheres que moram nas favelas, outra para mulheres que estão com dificuldades de acessar o mercado de trabalho pelo baixo nível educacional e uma ainda diferente para mulheres executivas que têm a carreira interrompida ou travada por preconceito e discriminação. Em todos esses casos, ser uma mulher negra torna tudo ainda mais difícil. Cada uma dessas nuances precisa de uma atenção diferente. Políticas públicas generalizadas não atacam problemas da vida real. Nenhum desses problemas é menor do que os outros.

Temos dados a respeito de muitas problemáticas e também temos especialistas que trabalham seriamente em todas as áreas. Essas pessoas precisam ter voz na formulação e implementação de políticas públicas. Já passou o tempo em que falar de direito das mulheres era tratar da fragilidade do sexo feminino, de como mulheres podem ser boas esposas ou como elas gostam de receber flores. Também já superamos a necessidade de sermos "batalhadoras" e vestirmos a capa da Mulher-Maravilha como sinal de orgulho. Até a super-heroína cansa...

Parte da solução também vem com maior inclusão feminina no campo da política. Movimentos como "Vote Nelas" ou "Meu Voto será Feminista" servem de apoio para que mais mulheres se candidatem e sejam votadas. Entretanto, precisamos reconhecer que ser mulher e política em nosso país ainda é um grande desafio. Quando poucas mulheres ocupam os espaços de poder ou, ainda pior, quando as que os ocupam são ridicularizadas, sofrem preconceitos implícitos e explícitos e têm muito mais dificuldades do que seus pares homens para chegar aonde almejam, as gerações mais novas são desencorajadas a se apropriar desses espaços. Viabilizar candidaturas femininas pode incentivar mais meninas a participarem do processo político — como mostram alguns estudos[8] — e, com isso, termos uma maior influência das mulheres nos processos decisórios que afetam toda a população.

Falar dos direitos das mulheres e nos preocuparmos seriamente com temáticas feministas é darmos garantia de tratamento com respeito, equidade e valorização das características únicas e individuais para todas as pessoas, independentemente de sexo, gênero, cor/ raça, condição social, física ou psicológica. O comprometimento na política, nas empresas, nas escolas e nas mais diversas organizações da sociedade com a relevância de medidas concretas para a eliminação da discriminação, do preconceito e do tratamento desigual e violento que as mulheres sofrem é urgente. A solução passa pela educação dessa liderança, pela conscientização da sociedade, pela priorização do tema. E principalmente por entendermos que nada justifica tratarmos homens e mulheres de forma tão desigual.

Enquanto essas mudanças ainda não forem possíveis e concretizadas, precisamos continuar salientando os marcadores sociais que impactam de maneira diversa homens e mulheres, pessoas brancas e pessoas negras, jovens e idosos, e todas as "multicotomias" que determinam privilégios. Talvez até seja possível, um dia, quando vivermos em uma relação social mais equânime, condensarmos todas as escolhas econômicas em algum tipo de personagem único: a *"pessoa* econômica" e não mais o *"homem* econômico", como ainda usamos. Até lá, temos muito trabalho pela frente para mudar o mundo!

Agradecimentos

Em 2000, eu apresentei uma versão inicial da minha tese de doutorado para o Departamento de Economia da Universidade de Illinois em Urbana-Champaign. Naquele dia uma senhora de mais idade, cabelo bem branco, assistiu à minha fala e, sentada, comia seu sanduíche. Levar comida para um seminário na hora do almoço é um costume comum em diversas universidades. Até denominamos esses seminários de *brown bag*, porque os participantes em geral levam a refeição em uma sacola de papel pardo. Ao final da minha apresentação — sobre diferenças salariais entre mulheres casadas e não casadas —, muitas pessoas vieram comentar, dar sugestões. A senhora esperou até o final e me disse: "Obrigada por estudar esse assunto. Nosso campo continua precisando de pessoas com esse tipo de interesse…". Era Marianne Ferber. Ela é uma das muitas pessoas a quem preciso agradecer por terem dado um apoio imenso à minha pesquisa como economista.

Muitas economistas mulheres me precederam e foram minhas inspirações. Nomeá-las seria pouquíssimo cauteloso da minha parte porque, inevitavelmente, eu esqueceria alguém muito importante. Prefiro falar de grupos de pessoas ou de estudos dos quais ainda participo ou dos quais fiz parte e que me ajudaram a acreditar na importância do meu próprio trabalho.

Começo por minhas alunas e meus alunos que, durante os vinte anos em que dei aulas, tiveram interesse em saber o motivo pelo qual uma economista se importava tanto com diversidade. Até hoje me orgulho das pessoas que ajudei a formar e que exercem profissões que têm potencial de mudar a sociedade. São pessoas que trabalham na política, que estudam formas de diminuir a masculinidade tóxica em nossos adolescentes, que trabalham com educação, que tocam o dia a dia de pequenas e grandes empresas buscando um mundo mais justo e até aquelas que sonham em desenvolver grandes projetos em lugares paradisíacos do nosso país. Eu acredito em cada uma delas. E agradeço por terem me desafiado a ser uma professora que explicasse de forma mais clara conceitos que algumas vezes nem eu acreditava que estavam corretos.

Também gostaria de agradecer às minhas amigas e colegas da Sociedade de Economia da Família e do Gênero (GeFam). Se hoje temos um grupo como esse foi pela coragem de algumas de aproximar a discussão da economia feminista da academia brasileira.

Também tiveram grande impacto em minha pesquisa as professoras do Núcleo de Mulheres e Territórios do Arq.Futuro e Insper. Fui uma das pesquisadoras desse grupo e aprendi na prática o que muitas leituras acadêmicas não me ensinaram. A generosidade com que fui recebida é indescritível. Participar desse Núcleo — hoje como conselheira — é motivo de muito orgulho para mim.

Agradeço às minhas amigas (Ana, Camila, Dri, Erica, Gi, Ieda, Isa, Janna, Ju, Lari, Liane, Mafê, Mari, Paula, Rê, Van e tantas outras!). Ter amigas mulheres me faz defender que juntas somos muito mais fortes. Que a amizade entre mulheres é possível e verdadeira. Que nos complementamos nas nossas diferenças. Que eu não saberia escrever sobre tudo isso sem tê-las por perto (ou mesmo quando bem longe, em alguns casos!).

Minhas ideias não sairiam do papel se não fossem Silmara Toledo, que cuida da minha cabeça e reforçou semanalmente que eu poderia ocupar esse espaço, e Sandra Fedullo Colombo, minha mentora na nova carreira de terapeuta (e futura psicóloga!), dizendo que era possível ter mais de uma face apresentada ao mundo.

Preciso agradecer à Juliana Freire e ao Ricardo Teperman, os editores deste livro. Aos dois devo confessar minha surpresa quando fui procurada e uma felicidade sem tamanho quando o projeto foi aprovado. O cuidado da edição no passo a passo da minha escrita e o apoio de Juliana quando resolvi que queria escrever algo um pouco (ou um muito) diferente do que havíamos pensado no início foram cruciais para que eu realmente chegasse até aqui. Outro agradecimento imprescindível: equipe de checagem e edição final. Marcella Ramos, Ana Clara Werneck e Clarice Zahar, vocês foram incríveis para que

Agradecimentos

este livro fosse mais preciso (e todos os erros e enganos remanescentes são de minha total responsabilidade!). Eu nunca imaginei que teria esse nível de apoio e suporte de tanta gente. Obrigada!

Por fim, quero agradecer à minha família. A meus pais, Cleeni e Arlindo, que são meus modelos de tudo. As aulas de matemática — com algumas brigas... — e o incentivo que meu pai me deu quando criança para que eu entendesse que poderia ser excelente com cálculos fizeram com que algumas coisas na economia fossem mais fáceis para mim do que teriam sido sem esse apoio. A insistência da minha mãe para que eu tivesse meu próprio dinheiro e fosse independente me fez uma feminista sem que ela sequer usasse a palavra. À minha irmã, Renata, a primeira psicóloga da nossa casa. Seu apoio nas minhas loucuras e nas horas mais difíceis fez com que o "eu" que sou hoje fosse possível. Ainda bem que a achamos na praia naquele dia... Nícolas (que aprendeu como é importante ler o que a tia Rê escreve desde a redação do Enem), Henrique e Vinícius são pessoas privilegiadas de tê-la ao lado deles!

À minha pequena grande família, Anouk e Marcelo... Sem os dois nada disso seria possível. Nunú, este livro é um jeito de eu ter esperança que o mundo vai tratar você e as pessoas da sua geração bem melhor do que tratou as da minha. Marcelo, você me mostrou que eu tinha como ser eu mesma e ter um homem forte do meu lado. Aliás, acho que era o único jeito possível, né? Eu amo vocês infinito a mais do que vocês me amam.

Notas

Introdução [pp. 9-15]

1. Dado do World Economic Forum no Relatório "Global Gender Report" de 2023, <https://www3.weforum.org/docs/WEF_GGGR_2023.pdf>.

1. **"Menino veste azul e menina veste rosa"** [pp. 17-47]

1. Clarissa Pains, "'Menino veste azul, menina veste rosa', diz Damares Alves em vídeo", *O Globo*, 3 jan. 2019, <https://oglobo.globo.com/brasil/menino-veste-azul-menina-veste-rosa-diz-damares-alves-em-video-23343024>.
2. Alguns estudos exploram que diferenças biológicas possam imprimir inclinações às preferências, inclusive de brinquedos. Sobre esse assunto, as referências são: Janice M. Hasset, Erin R. Siebert e Kim Wallen, "Sex Differences in Rhesus Monkey Toy Preferences Parallel Those of Children", *Hormones and Behavior*, v. 54, n. 3, 2008, pp. 359-364; e Christina L. Williams e Kristen E. Pleil, "Toy Story: Why do Monkey and Human Males Prefer Trucks? Comment on 'Sex Differences in Rhesus Monkey Toy Preferences Parallel Those of Children' by Hassett, Siebert and Wallen", *Hormones and Behavior*, v. 54, n. 3, 2008, pp. 355-8.
3. É possível ler mais sobre a temática da influência dos pais na escolha por brinquedos das crianças em: Josh L. Boe e Rebecca J. Woods, "Parents' Influence on Infants' Gender-Typed Toy Preferences", e Lisa M. Dinella e Erica S. Weisgram, "Gender-Typing of Children's Toys: Causes, Consequences, and Correlates". Ambos os artigos fazem parte de um volume especial da revista acadêmica *Sex Roles* (v. 79, n. 5, 2018) sobre o tema, e estão às páginas 358-73 e 253-9, respectivamente.

4. Jo B. Paoletti, *Pink and Blue: Telling the Boys From the Girls in America*, Indiana University, 2012.
5. "Fashions: Baby's Clothes", *Time*, 14 nov. 1927, <http://content.time.com/time/subscriber/article/0,33009,737019,00.html>.
6. Lin Bian, Sarah-Jane Leslie e Andrei Cimpian, "Gender Stereotypes about Intellectual Ability Emerge Early and Influence Children's Interests", *Science*, v. 355, n. 6.323, 2017, pp. 389-91.
7. Tradução livre a partir do material suplementar do artigo citado.
8. Ann M. Gallagher e James C. Kaufman (Orgs.), *Gender Differences in Mathematics: An Integrative Psychological Approach*, Cambridge: Cambridge University Press, 2004.
9. A Prova Brasil é aplicada pelo Instituto Nacional de Estudos e Pesquisas Educacionais Anísio Teixeira (Inep), que faz parte do Ministério da Educação e Cultura (MEC). A prova do Pisa é aplicada a cada três anos pela OCDE. Ver <https://www.oecd.org/pisa/publications/PISA2018_CN_BRA.pdf> e <https://www.gov.br/inep/pt-br/areas-de-atuacao/avaliacao-e-exames-educacionais/pisa>.
10. Luigi Guiso et al., "Culture, Gender, and Math", *Science*, v. 320, n. 5880, 2008, pp. 1164-5.
11. OECD, "Girls Outperform Boys on Reading in All OECD Countries: Gender Ratio in Mean Reading Scores, Pisa 2018". In: *How's Life? 2020: Measuring Well-being*. Paris: OECD, 2020, <https://doi.org/10.1787/114d4bda-en>.
12. World Economic Forum, *Global Gender Gap Report 2023. Insight Report*, jun. 2023, <https://www.weforum.org/reports/global-gender-gap-report-2023/>.
13. Inep, *Brasil no Pisa 2018*, Brasília: Inep, 2020. <https://www.oecd.org/pisa/publications/PISA2018_CN_BRA.pdf>.
14. Maria Fernanda Pessoa, Daniela V. Vaz e Diego C. Botassio, "Viés de gênero na escolha profissional no Brasil", *Cadernos de Pesquisa*, n. 51, 2021.
15. Os dados mostrados na passagem que se segue a essa nota acompanham o relato da historiadora Jennifer Light em seu artigo "When Computers Were Women", *Technology and Culture*, v. 40, n. 3, 1999, pp. 455-83.
16. Rodrigo de O. Andrade, "A retomada do espaço da mulher na computação", *Pesquisa Fapesp*, mai. 2019, <https://revistapesquisa.fapesp.br/a-retomada-do-espaco-da-mulher-na-computacao/>.

17. Marris Fessenden, "What Happened to All the Women in Computer Science?", *Smithsonian Magazine*, 22 out. 2014, <https://www.smithsonianmag.com/smart-news/what-happened-all-women-computer-science-1-180953111/>.
18. Maria Rosa Lombardi, "Engenheira e gerente: Desafios enfrentados por mulheres em posições de comando na área tecnológica", *Revista Tecnologia e Sociedade*, v. 2, n. 3, jul.-dez. 2006.
19. *Purl*. Direção de Kristen Lester. Disney/Pixar, 2019. Disponível no canal de assinatura Disney+ e em <https://www.youtube.com/watch?v=B6uuIHpFkuo>.
20. Regina Madalozzo, "Occupational Segregation and the Gender Wage Gap in Brazil: An Empirical Analysis", *Economia Aplicada*, v. 14, n. 2, 2010, pp. 147-68.
21. OIT, *Trabalho doméstico*, <https://www.ilo.org/brasilia/temas/trabalho-domestico/lang--pt/index.htm>.
22. Alexandre B. Fraga e Tays A. Monticelli, "'PEC das Domésticas': Holofotes e bastidores", *Revista Estudos Feministas*, n. 29, 2021.
23. IBGE, *Síntese de indicadores sociais*, Rio de Janeiro: IBGE, 2020, <https://www.ibge.gov.br/estatisticas/multidominio/genero/9221sintese-de-indicadores-sociais.html?edicao=29143&t=resultados>.
24. Todos esses dados constam no artigo de Fraga e Monticelli citado anteriormente, "'PEC das Domésticas': Holofotes e bastidores".
25. O nome e os dados pessoais de Cleonice Gonçalves foram retirados de *Casa da Mulher Trabalhadora*. "Relembrar para não esquecer: Primeira vítima da Covid-19 no Brasil foi uma empregada doméstica". 26 fev. 2021, <https://camtra.org.br/relembrar-para-nao-esquecer-primeira-vitima-da-covid-19-no-brasil-foi-uma-empregada-domestica/>. Segundo o Ministério da Saúde, a primeira morte no Brasil ocorreu dois dias antes, mas só foi noticiada após ampla divulgação do falecimento de Cleonice.
26. Cesar A. L. de Oliveira e Judith A. Morrison, *Raça e gênero nas grandes empresas: Um perfil da força de trabalho do Brasil*, BID, Nov. 2021. A publicação completa pode ser acessada em: <https://publications.iadb.org/pt/raca-e-genero-nas-grandes-empresas-um-perfil-da-forca-de-trabalho-do-brasil?utm_source=sociabbleapp&utm_medium=social&utm_campaign=none&utm_term=unyaqMuy5VhB&socid=unyaqMuy5VhB&agentid=fdc0557f-76ae-4546-99f6-dc9da8fo5dbb>.

27. Nesse estudo, quando analisam dados específicos citados no texto, os pesquisadores focam em brancos e negros e não incluem dados sobre pessoas asiáticas, indígenas ou de outras cores/ raça, embora elas façam parte da amostra utilizada por eles.
28. Em uma nota explicativa para o público infantojuvenil, o IBGE apresenta dados interessantes sobre educação e remuneração de homens e mulheres no Brasil: "Mulheres brasileiras na educação e no trabalho", Rio de Janeiro: IBGE Educa, <https://educa.ibge.gov.br/criancas/brasil/atualidades/20459-mulheres-brasileiras-naeducacao-e-no-trabalho.html>.
29. A história do Efeito Matilda e diversos casos emblemáticos da falta de reconhecimento do trabalho das mulheres são narrados em Margaret W. Rossiter, "The Matthew Matilda Effect in Science", *Social Studies of Science*, v. 23, n. 2, 1993, pp. 325-41.
30. Existe uma grande controvérsia a respeito da possibilidade de Darwin ter usado uma carta de Wallace e publicado seus achados sem incluir o colaborador. Como a discussão Darwin-Wallace não é o foco deste capítulo, deixo às pessoas interessadas o fato a ser pesquisado. Atualmente, há muitas referências sobre esse caso disponíveis, por exemplo Ulrich Kutschera, "Darwin-Wallace Principle of Natural Selection", *Nature*, v. 453, n. 27, 2008.

2. Iguais e diferentes: Uma história sobre discriminação
[pp. 48-76]

1. Claudia Goldin e Cecilia Rouse, "Orchestrating Impartiality: The Impact of 'Blind' Auditions on Female Musicians", *American Economic Review*, v. 90, n. 4, 2000, pp. 715-41.
2. Algumas considerações sobre esse dado são necessárias. Em primeiro lugar, as informações do Ipea foram colhidas entre 45 Instituições Federais de Ensino Superior (Ifes) que continham até 5% de subnotificação a respeito da cor/ raça dos estudantes. Infelizmente, grande parte dos dados de Ifes não tem histórico regular de declaração de cor/ raça a respeitos dos discentes. Em segundo lugar, o relatório não explicita a média de pessoas negras no curso de direito de forma direta. A média declarada neste capítulo foi calculada usando a média ponderada do percentual de vagas no

curso de direito em cada região geográfica e o percentual de pessoas negras matriculadas em cada uma das regiões.

3. Tatiana Dias Silva, "Ação afirmativa e população negra na educação superior: acesso e perfil discente" (texto para discussão nº 2569), Brasília: Ipea, 2000; "Aliança pela Equidade Racial apoia programa de bolsas para negros", 20 mar. 2023, <https://www.migalhas.com.br/quentes/383343/alianca-pela-equidade-racial-apoia-programa-de-bolsas-para-negros>.

4. Insper, Movimento Mulher 360, PwC Brasil e ONU Mulheres, *Vieses inconscientes, equidade de gênero e o mundo corporativo: Lições da Oficina "Vieses inconscientes"*, 2016, <https://www.onumulheres.org.br/wp-content/uploads/2016/04/Vieses_inconscientes_16_digital.pdf>.

5. Caren B. Goldberg, "Relational Demography and Similarity-Attraction in Interview Assessments and Subsequent Offer Decisions: Are We Missing Something?", *Group & Organization Management*, v. 30, n. 6, 2005, pp. 597-624.

6. Jochen Becker, Josip Medjedovic e Christoph Merkle, "The Effect of CEO Extraversion on Analyst Forecasts: Stereotypes and Similarity Bias", *Financial Review*, v. 54, n. 1, 2019, pp. 133-64.

7. Regina Madalozzo, "CEOs e composição do Conselho de Administração: A falta de identificação pode ser motivo para existência de teto de vidro para mulheres no Brasil?", *Revista de Administração Contemporânea*, v. 15, n. 1, 2011, pp. 126-37.

8. Deloitte, "Mulheres no conselho: Uma perspectiva global sobre o avanço da presença feminina em conselhos corporativos", 2022, <https://www2.deloitte.com/br/pt/pages/risk/articles/mulheres-no-conselho.html>.

9. Juliana Schincariol, "Ainda há longa jornada diversidade racial em conselhos no Brasil", *Valor Investe*, 12 fev. 2021, <https://valorinveste.globo.com/mercados/renda-variavel/empresas/noticia/2021/02/12/ainda-ha-longa-jornada-diversidade-racial-em-conselhos-no-brasil.ghtml>.

10. Victoria Brescoll et al., "Science Faculty's Subtle Gender Biases Favor Male Students", *Proceedings of the National Academy of Sciences*, v. 109, n. 41, 2012, pp. 16474-9.

11. Joana Cunha, "'Escolhidos no trainee para negros estavam em postos abaixo de suas capacidades', diz presidente do Magalu",

Folha de S.Paulo, 5 abr. 2021, <https://www1.folha.uol.com.br/mercado/2021/01/escolhidos-no-trainee-para-negros-estavam-em-postos-abaixo-de-suas-capacidades-diz-presidente-do-magalu.shtml>.

12. Danielle Gaucher e Justin Friesen, "Evidence that Gendered Wording in Job Advertisements Exists and Sustains Gender Inequality", *Journal of Personality and Social Psychology*, v. 101, n. 1, 2011, p. 109.
13. Emily Santos, "Entenda o que é a linguagem neutra, que usa, por exemplo, 'todxs' e 'amigues'", G1, 28 out. 2021, <https://g1.globo.com/educacao/noticia/2021/10/28/entenda-o-que-e-a-linguagem-neutra-que-usa-por-exemplo-todxs-e-amigues.ghtml>.
14. Jacilio Saraiva, "Linguagem inclusiva chega aos anúncios de vagas", *Valor Econômico*, 13 dez. 2021, <https://valor.globo.com/publicacoes/suplementos/noticia/2021/12/13/linguagem-inclusiva-chega-aos-anuncios-de-vagas.ghtml>.
15. Alguns exemplos de políticas que podem ser utilizadas pelas empresas para aumentar a diversidade na contratação de suas pessoas estão em: <https://www.onumulheres.org.br/wp-content/uploads/2016/04/cartilha_WEPs_2016.pdf>.
16. Karen S. Lyness e Madeline E. Heilman, "When Fit Is Fundamental: Performance Evaluations and Promotions of Upper-Level Female and Male Managers", *Journal of Applied Psychology*, v. 91, n. 4, 2006, p. 777.
17. Sabrin Beg, Anne Fitzpatrick e Adrienne M. Lucas, "Gender Bias in Assessments of Teacher Performance", *AEA Papers and Proceedings*, v. 111, maio de 2021, pp. 190-5.
18. Fabiana Rocha et al., "Gender Differences in the Academic Career of Economics in Brazil", *Cuadernos de Economía (Santafé de Bogotá)*, v. 40, n. 84, 2021, pp. 815-52.
19. Ver <http://bi.cnpq.br/painel/fomento-cti/index.html>.
20. "Parecer cita gravidez de pesquisadora em análise de bolsa: 'gestações atrapalharam'", *Estadão*, 29 dez. 2023, <https://noticias.uol.com.br/ultimas-noticias/agencia-estado/2023/12/29/parecer-cita-gravidez-de-pesquisadora-em-analise-de-bolsa-gestacoes-atrapalharam.htm>.
21. Shelley J. Correll et al., "Inside the Black Box of Organizational Life: The Gendered Language of Performance Assessment", *American Sociological Review*, v. 85, n. 6, 2020, pp. 1022-50.

22. Esse percentual varia de acordo com a forma como fazemos o cálculo. O valor aqui reportado foi estimado em Regina Madalozzo, "Occupational Segregation and the Gender Wage Gap in Brazil: An Empirical Analysis", *Economia Aplicada*, v. 14, n. 2, 2010, pp. 147-68. Quando comparamos somente homens e mulheres casados, em uniões heterossexuais, com os dois participando do mercado de trabalho, as mulheres recebem, em média, 40% a menos que os homens, de acordo com o artigo "Diferença salarial e taxa de participação no mercado de trabalho brasileiro: Uma análise a partir do sexo dos indivíduos" (*Estudos Econômicos*, n. 51, 2021, pp. 33-72), que publiquei em 2021 com N. C. da S. Gabriel Tenoury e Sergio Martins. Ou seja, por diversas medidas diferentes, encontramos o resultado de que as mulheres recebem salários menores que os dos homens para exercer o mesmo trabalho.
23. Regina Madalozzo e Mariana Mauriz, "Does Investing in Education Reduce the Gender Wage Gap?: A Brazilian Population Study", *Population Review*, v. 51, n. 2, 2012.
24. OECD, "Gender Wage Gap". *OECD Data*, 2023, <https://data.oecd.org/earnwage/gender-wage-gap.htm>. Os dados nesse link são alterados de acordo com as informações divulgadas periodicamente, embora não ao mesmo tempo, pelos países. Os percentuais aqui divulgados são os disponíveis em janeiro de 2024 e se referem ao dado mais recente de cada país.
25. Andreas Leibbrandt e John List, "Do Women Avoid Salary Negotiations? Evidence From a Large-Scale Natural Field Experiment", *Management Science*, v. 61, n. 9, 2015, pp. 2016-24.
26. Barry Gerhart e Sara Rynes, "Determinants and Consequences of Salary Negotiations by Male and Female MBA Graduates", *Journal of Applied Psychology*, v. 76, n. 2, 1991, p. 256.
27. Hannah Bowles, Linda Babcock e Lei Lai, "Social Incentives for Gender Differences in the Propensity to Initiate Negotiations: Sometimes it Does Hurt to Ask", *Organizational Behavior and Human Decision Processes*, v. 103, n. 1, 2007, pp. 84-103.
28. BBC, "A pergunta que foi proibida em entrevistas de emprego nos EUA", G1, 9 maio 2018, <https://g1.globo.com/mundo/noticia/a-pergunta-que-foi-proibida-em-entrevistas-de-emprego-nos-eua.ghtml>.

3. Com licença, tenho filhos! [pp. 77-100]

1. Laura Addati, Naomi Cassirer e Katherine Gilchrist, "Maternity and Paternity at Work: Law and Practice Across The World", *International Labour Office*, 2014.
2. Claire Cain Miller, "The World 'Has Found a Way to Do This': The U.S. Lags on Paid Leave", *The New York Times*, 25 out. 2021, <https://www.nytimes.com/2021/10/25/upshot/paid-leave-democrats.html>.
3. OECD, "Key Characteristics of Parental Leave Systems", 14 dez. 2018, <https://www.oecd.org/els/soc/PF2_1_Parental_leave_systems.pdf>.
4. Henrique Santiago, "Licença-maternidade 'criminosa': como falas de Sachsida reforçam o machismo", UOL, 17 maio 2022, <https://economia.uol.com.br/noticias/redacao/2022/05/17/falas-machistas-adolfo-sachsida.htm>.
5. O estudo completo pode ser lido em Regina Madalozzo e Adriana Carvalho, "Perguntas e respostas sobre licença a maternidade — 1", São Paulo: Instituto Insper, 2019, <https://www.insper.edu.br/wp-content/uploads/2019/11/Perguntas-e-Respostas-sobre-Licen%C3%A7a-Maternidade_Regina-Madalozzo.pdf>.
6. Conselho Nacional de Justiça, "Casais homoafetivos conseguem licença-maternidade na adoção de crianças", *Jusbrasil*, 2015, <https://cnj.jusbrasil.com.br/noticias/223616238/casais-homoafetivos-conseguem-licenca-maternidade-na-adocao-de-criancas>.
7. Mateus Omena, "7 companhias que aderiram à licença-paternidade estendida para impulsionar vínculo dos profissionais com os filhos", *Forbes*, 6 ago. 2021, <https://forbes.com.br/carreira/2021/08/7-companhias-que-aderiram-a-licenca-paternidade-estendida-para-impulsionar-vinculo-dos-profissionais-com-os-filhos/>.
8. Um estudo interessante que revisa a literatura com relação ao tema do envolvimento do pai com a criança recém-nascida é Marina de S. L. Menezes, Fabio Scorsolini-Comin e Tales V. Santeiro, "Envolvimento paterno na relação mãe-bebê: Revisão integrativa da literatura", *Psicologia em Revista*, v. 25, n. 1, 2019, pp. 19-39.
9. World Economic Forum, *Global Gender Gap Report 2023. Insight Report*, Jun. 2023, <https://www3.weforum.org/docs/WEF_GGGR_2023.pdf>.

10. Dados do *Global Gender Gap Report 2021*, <https://www3.weforum.org/docs/WEF_GGGR_2021.pdf>.
11. Exceto para o caso em que ambos os genitores sejam contratados por empresas aderentes ao Programa Empresa Cidadã. Condição existente a partir da MP Emprega + Mulheres e Jovens, que será discutida um pouco mais adiante neste capítulo.
12. Cecília Machado e Valdemar Pinho Neto, *The Labor Market Consequences of Maternity Leave Policies: Evidence from Brazil*, Rio de Janeiro: EPGE-FGV, 2016, <https://portal.fgv.br/sites/portal.fgv.br/files/the_labor_market_consequences_of_maternity_leave_policies_evidence_from_brazil.pdf>.
13. Giulia e eu trabalhamos juntas em sua monografia de conclusão do curso de economia do Insper e em seu trabalho de iniciação científica com o mesmo tema. Ver Giulia Wagana de Martino, "Consequences of Dismissal after Maternity Leave in the Brazilian Female Labor Market", Insper, 2020, <https://repositorio.insper.edu.br/bitstream/11224/3295/4/Giulia%20Wagana%20Di%20Martino%20-%20Trabalho.pdf>.
14. Bila Sorj e Alexandre B. Fraga, "Licenças maternidade e paternidade no Brasil: Direitos e desigualdades sociais", *Revista Brasileira de Estudos de População*, v. 39, 2022.
15. As monografias e trabalhos de conclusão dos cursos do Insper estão em: <https://repositorio.insper.edu.br/>.
16. Fernanda utilizou duas metodologias estatísticas diferentes: estimação por efeitos fixos e por escores de propensão. Nessa segunda metodologia, quando a aproximação dos coeficientes estimados é mais próxima da realidade, encontrou os resultados relatados neste capítulo. Além dos modelos estatísticos, Fernanda fez uma pesquisa bastante interessante sobre o posicionamento dos indivíduos a respeito da equidade de gênero utilizando a pesquisa do World Values Survey disponível em: <https://www.worldvaluessurvey.org/wvs.jsp>.
17. Camila P. Garcia, Regina Madalozzo e Fabian A. Echegaray, *Pesquisa Licenças maternidade e paternidade nas empresas*, São Paulo: Movimento Mulher 360, 2022. A pesquisa completa pode ser acessada em: <https://familytalks.org/pdf/ebooks/relatorio_pesquisa_parentalidade_nas_empresas.pdf>.

18. Isabela Palhares, "Crise leva mães a deixarem bebês com menos de dois meses nas creches de SP", *Folha de S.Paulo*, 9 mai. 2022, <https://www1.folha.uol.com.br/educacao/2022/05/crise-leva-maes-a-deixarem-bebes-com-menos-de-dois-meses-nas-creches-de-sp.shtml>.
19. "Após polêmica, Nike muda política de licença-maternidade para atletas", *IstoÉ Dinheiro*, 19 ago. 2019, <https://www.istoedinheiro.com.br/apos-polemica-nike-muda-politica-de-licenca-maternidade-para-atletas/>.
20. Allyson Felix, "Allyson Felix: My Own Nike Pregnancy Story", *The New York Times*, 22 mai. 2019, <https://www.nytimes.com/2019/05/22/opinion/allyson-felix-pregnancy-nike.html>.
21. "Como o futebol feminino lida com a gravidez e o ciclo menstrual das jogadoras", *Correio Braziliense*, 22 jan. 2022, <https://www.correiobraziliense.com.br/esportes/2022/01/4979617-como-o-futebolfeminino-lida-com-a-gravidez-e-o-ciclo-menstrual-das-jogadoras.html>.
22. Alguns estudos que mostram essas evidências são: Sakiko Tanaka, "Parental Leave and Child Health Across OECD Countries", *The Economic Journal*, v. 115, n. 501, 2005, p. F7-F28; Christopher J. Ruhm, "Parental Leave and Child Health", *Journal of Health Economics*, v. 19, n. 6, 2002, pp. 931-60; e Rasheda Khanam, Son Nghiem e Luke Connelly, "The Effects of Parental Leave on Child Health and Postnatal Care: Evidence from Australia", *Economic Analysis and Policy*, v. 49, 2016, pp. 17-29.
23. Sakiko Tanaka, "Parental Leave and Child Health across OECD Countries", *The Economic Journal*, v. 115, n. 501, 2005, pp. F7-F28, <https://www.jstor.org/stable/3590461?read-now=1&seq=1#page_scan_tab_contents>.
24. Rasheda Khanam, Son Nghiem e Luke Connelly, "The Effects of Parental Leave on Child Health and Postnatal Care: Evidence from Australia", *Economic Analysis and Policy*, v. 49, 2016, pp. 17--29, <https://www.sciencedirect.com/science/article/abs/pii/S0313592615300448>.
25. Viviane V. Mendes, *Investimentos precoces nas crianças: Uma análise dos efeitos da licença-maternidade* (Dissertação de mestrado), São Paulo: USP, 2010, <https://www.teses.usp.br/teses/disponiveis/12/12138/tde-24022011-201203/publico/VivianeVecchiMendes.pdf>.
26. Andrew Oswald, Eugenio Proto e Daniel Sgroi, "Happiness and Productivity", *Journal of Labor Economics*, v. 33, n. 4, pp. 789-822, 2015.

4. Atenção a quem cuida: As necessidades de cuidado em uma sociedade [pp. 101-33]

1. Ver <https://www.youtube.com/watch?v=wJukf4ifuKs>.
2. Nancy Folbre é uma das economistas feministas que colocam de forma bastante clara as potenciais diferenças entre preferências pessoais e influências socioculturais das escolhas; ver seu artigo "Should Women Care Less? Intrinsic Motivation and Gender Inequality", *British Journal of Industrial Relations*, v. 50, n. 4, 2012, pp. 597-619.
3. Gary S. Becker, *A Treatise on the Family: Enlarged Edition*, Harvard: Harvard University Press, 1991.
4. Por exemplo Marianne A. Ferber e Bonnie G. Birnbaum, "The 'New Home Economics': Retrospects and Prospects", *Journal of Consumer Research*, 1977, v. 4, n. 1, pp. 19-28.
5. Christina L. Williams e Kristen E Pleil, "Toy Story: Why do Monkey and Human Males Prefer Trucks? Comment on 'Sex Differences in Rhesus Monkey Toy Preferences Parallel Those of Children' by Hassett, Siebert and Wallen", *Hormones and Behavior*, v. 54, n. 3, 2008, p. 355-8.
6. Sobre brinquedos, para ficarmos no mesmo tema do argumento anterior, ver Josh L. Boe e Rebecca J. Woods, "Parents' Influence on Infants' Gender-Typed Toy Preferences", *Sex Roles*, v. 79, n. 5, 2018, pp. 358-73.
7. Henrik Kleven, Camille Landais e Jakob Egholt Søgaard, "Children and Gender Inequality: Evidence from Denmark", *American Economic Journal: Applied Economics*, v. 11, n. 4, 2019, pp. 181-209.
8. Hildete P. Melo e Marta Castilho, "Trabalho reprodutivo no Brasil: Quem faz?", *Revista de Economia Contemporânea*, n. 13, 2009, pp. 135-58.
9. IBGE, "O que é o PIB", <https://www.ibge.gov.br/explica/pib.php#:~:text=O%20que%20%C3%A9%20o%20PIB,R%24%208%2C7%20trilh%C3%B5es>.
10. Gabriele Mari, "Is There a Fatherhood Wage Premium? A Reassessment in Societies with Strong Male-Breadwinner Legacies", *Journal of Marriage and Family*, v. 81, n. 16, 2019.
11. Regina Madalozzo e Merike Blofield, "Como famílias de baixa renda em São Paulo conciliam trabalho e família?", *Revista Estudos Feministas*, n. 25, 2017, pp. 215-40.

12. Maria Cristina A. Bruschinie Arlete Ricoldi, "Revendo estereótipos: O papel dos homens no trabalho doméstico", *Revista Estudos Feministas*, n. 20, 2012, pp. 259-87.
13. Carolina de Assis, "Tarefas domésticas e de cuidado são principal impedimento para mulheres jovens estudarem e trabalharem fora de casa", *Gênero e Número*, 6 dez. 2018, <https://www.generonumero.media/tarefas-domesticas-e-de-cuidado-sao-principal-impedimento-para-mulheres-jovens-estudarem-e-trabalharem-fora-de-casa/>; IBGE, *Síntese de indicadores sociais: Uma análise das condições de vida da população brasileira*, Rio de Janeiro: IBGE, 2018.
14. Carlos Madeiro, "Lista de escola pede kit cozinha para menina brincar e gera críticas no MA", UOL, 13 jan. 2016, <https://educacao.uol.com.br/noticias/2016/01/13/lista-de-escola-pede-kit-cozinha-para-menina-brincar-e-gera-criticas-no-ma.htm>.
15. Regina Madalozzo, Sergio R. Martins e Ludmila Shiratori, "Participação no mercado de trabalho e no trabalho doméstico: Homens e mulheres têm condições iguais?", *Revista Estudos Feministas*, n. 18, 2010, pp. 547-66.
16. As referências para os dados citados no texto são: Luana S. Pinheiro, Carolina P. Tokarski, Marcia Vasconcelos, "Vulnerabilidades das trabalhadoras domésticas no contexto da pandemia de covid-19 no Brasil" (Brasília: Ipea, 2020, nota técnica no 75), e Luana S. Pinheiro et. al., "Os desafios do passado no trabalho doméstico do século XXI: Reflexões para o caso brasileiro a partir dos dados da PNAD-C" (Brasília: Ipea, 2019, texto para discussão n. 2528).
17. Luana Pinheiro et al., *Os desafios do passado no trabalho doméstico do século XXI: Reflexões para o caso brasileiro a partir dos dados da PNAD contínua*, Ipea, nov. 2019 (Texto para discussão 2528), <https://repositorio.ipea.gov.br/bitstream/11058/9538/1/td_2528.pdf>.
18. Marcelo Paixão e Flávio Gomes, "Histórias das diferenças e das desigualdades revisitadas: Notas sobre gênero, escravidão, raça e pós-emancipação", *Revista Estudos Feministas*, n. 16, 2008, pp. 949-69.
19. Preta Rara, *Eu, empregada doméstica: A senzala moderna é o quartinho da empregada*, Belo Horizonte: Letramento, 2020.
20. Luciane Carneiro e Rafael Rosas, "IBGE: Tempo de deslocamento por trabalho no país é de 4,8 horas por semana mas chega a 7,8

em São Paulo", *Valor*, 7 jul. 2021, <https://valor.globo.com/brasil/noticia/2021/05/07/ibge-tempo-de-deslocamento-ao-trabalho-no-pais-e-de-48h-por-semana-mas-chega-a-78h-em-sp.ghtml>.

5. Família, a origem das decisões [pp. 134-57]

1. Leandro Prazeres, "Câmara vê fraude e fecha enquete do Estatuto da Família com 10 mi de votos". UOL, 28 ago. 2015, <https://noticias.uol.com.br/cotidiano/ultimas-noticias/2015/08/28/camara-detecta-fraudes-e-muda-sistema-de-enquetes.htm>.
2. Câmara dos Deputados, PL n° 6583, de 2013, <https://www.camara.leg.br/proposicoesWeb/prop_mostrarintegra;jsessionid=node0px6pddj40mxm15up0i0avk0eq6087849.node0?codteor=1159761&filename=PL+6583/2013>.
3. M. V. L. Badgett, "Unequal Taxes on Unequal Benefits: The Taxation of Domestic Partners Benefits", The Williams Institute, dez. 2007, <https://williamsinstitute.law.ucla.edu/wp-content/uploads/Unequal-Taxes-DP-Benefits-Dec-2007.pdf>.
4. Carlos Santoscoy, "Time Warner To Pay Gay Couple's Tax On Benefits", *On Top Mag*, 24 ago. 2012, <http://www.ontopmag.com/article/12779/Time_Warner_To_Pay_Gay_Couples_Tax_On_Benefits>.
5. Regina Madalozzo e Merike Blofield, "Como famílias de baixa renda em São Paulo conciliam trabalho e família?", *Revista Estudos Feministas*, n. 25, v. 1, 2017, <https://doi.org/10.1590/1806-9584.2017v25n1p215>.
6. Olle Folke e Johanna Rickne, "All the Single Ladies: Job Promotions and the Durability of Marriage." *American Economic Journal: Applied Economics*, v. 12, n. 1, 2020.
7. Giulliana Bianconi, "Maioria entre informais, mulheres têm lugar central na inédita renda emergencial", *Gênero e Número*, 27 mar. 2020, <https://www.generonumero.media/mulheres-renda-emergencial/>.
8. Câmara dos Deputados, PL n° 7824, de 2017, <https://www.camara.leg.br/propostas-legislativas/2352434>.
9. Secretaria da Mulher, "Grupo de trabalho inicia debates sobre aumento da licença-paternidade", 27 abr. 2023, <https://www2.

camara.leg.br/a-camara/estruturaadm/secretarias/secretaria-da-mulher/noticias/grupo-de-trabalho-inicia-debate-sobre-aumento-da-licenca-paternidade>.
10. Ana Luiza N. de H. Barbosa, "Tendências na alocação do tempo no Brasil: Trabalho e lazer", *Revista Brasileira de Estudos de População*, v. 35, 2019.
11. Shelly Lundberg e Robert A. Pollak, "Efficiency in Marriage", *Review of Economics of the Household*, v. 1, n. 3, 2003, pp. 153-67.
12. Ver Pesquisa Nacional de Demografia e Saúde da Criança e da Mulher – 2006 <https://bvsms.saude.gov.br/bvs/publicacoes/pnds_crianca_mulher.pdf>; "Dados do Unicef apontam que o Brasil ocupa o 4º lugar em casamentos infantis no mundo", Agência Câmara de Notícias, 23 fev. 2022, https://www.camara.leg.br/noticias/853645-dados-do-unicef-apontam-que-o-brasilocupa-o-40-lugar-em-casamentos-infantis-no-mundo/; Atlas de casamento infantil elaborado pelo Unicef e pela ONG Girls Not Brides pode ser consultado em <https://www.girlsnotbrides.org/learning-resources/child-marriage-atlas/atlas/>.
13. "Tirando o véu: Estudo sobre casamento infantil no Brasil", São Paulo: Plan International, 2019, <https://plan.org.br/wp-content/uploads/2019/07/Tirando-o-veu-estudo-casamento-infantil-no-brasil-plan-international.pdf>.
14. Ibid., p. 18.
15. Dados do Unicef disponíveis em: <https://data.unicef.org/resources/dataset/child-marriage/>.
16. Mariana R. Teixeira e Regina Madalozzo, "How Does Early Marriage Affect the Education of Women in Brazil?", <https://www.anpec.org.br/encontro/2019/submissao/files_I/i12-96cb9122a-2bf5b6276f26c9b16711f43.pdf>. Esse trabalho foi apresentado em 2019, no 47º Encontro Nacional da Associação Nacional dos Centros de Pós-Graduação em Economia (Anpec).
17. Os dados foram extraídos do site <https://ourworldindata.org/>. Infelizmente, não foi possível selecionar dados especificamente entre quinze e dezessete anos, quando a menina ainda é considerada menor de idade.

6. Como o sistema de desigualdade de oportunidades mantém as disparidades de renda [pp. 158-83]

1. Realizamos 150 entrevistas, um terço em cada uma das três favelas participantes. Entretanto, nove delas não puderam ser aproveitadas porque a coleta de som foi inadequada e não conseguimos transcrevê-las para o estudo.
2. Tivemos apoio do Redes da Maré (<https://www.redesdamare.org.br/>), no complexo de favelas da Maré; do De Olho na Quebrada (<https://www.instagram.com/dolhonaquebrada/>) e do Unas (<https://www.unas.org.br/>), no complexo de favelas de Heliópolis; e do Projeto Fazendinhando (<https://www.fazendinhando.org/>), na favela de Jardim Colombo. O financiamento para a pesquisa foi concedido pelo Banco Itaú, para viabilização do Núcleo de Mulheres e Territórios em seus primeiros meses de existência.
3. Nathalie Hanna Alpaca, "Participação de mulheres no mercado de trabalho é 20% inferior à dos homens", CNN Brasil, 8 mar. 2022, <https://www.cnnbrasil.com.br/economia/participacao-de-mulheres-no-mercado-de-trabalho-e-20-inferior-a-dos-homens/>.
4. World Inequality Database, *World Inequality Report 2022*, <https://wir2022.wid.world/>.
5. "Favela de São Paulo vira exemplo em ações contra o coronavírus", G1, 11 abr. 2020, <https://g1.globo.com/jornal-nacional/noticia/2020/04/11/favela-de-sao-paulo-vira-exemplo-em-acoes-contra-o-coronavirus.ghtml>.
6. Gabi di Bella, "Em Paraisópolis, presidentas de rua cuidam do lar, dos filhos e dos vizinhos", National Geografic Brasil, 2 set. 2020, <https://www.nationalgeographicbrasil.com/cultura/2020/08/paraisopolis-presidentas-de-rua-coronavirus-pandemia>.
7. Jussara G. de Brito e Elenice R. Costa, "Titularidade feminina no Programa Bolsa Família: Questões de gênero e segurança alimentar", *Tropos: Comunicação, Sociedade e Cultura*, v. 1, n. 3, 2015.
8. "Datafolha: Um em cada três brasileiros teve comida insuficiente em casa", *Folha de S.Paulo*, 2 ago. 2022, <https://www1.folha.uol.com.br/mercado/2022/08/datafolha-um-em-cada-tres-brasileiros-teve-comida-insuficiente-em-casa.shtml>.

9. Priscilla A. Tavares, "Efeito do Programa Bolsa Família sobre a oferta de trabalho das mães", *Economia e Sociedade*, v. 19, n. 3, 2010, pp. 613-35.
10. Unicef, "Trabalho infantil aumenta pela primeira vez em duas décadas e atinge um total de 160 milhões de crianças e adolescentes no mundo", 10 jun. 2021, <https://www.unicef.org/brazil/comunicados-de-imprensa/trabalho-infantil-aumenta-pela-primeira-vez-em-duas-decadas-e-atinge-um-total-de-160-milhoes-de-criancas-e-adolescentes-no-mundo#:~:text=Segundo%20dados%20da%20Pnad%20Cont%C3%ADnua,piores%20formas%20de%20trabalho%20infantil>.
11. Aracy A. de Araújo, Marília F. M. Gomes e João E. Lima, "Influência do Programa Bolsa Família na redução do trabalho infantil: Evidências para o Nordeste brasileiro", *Revista Econômica do Nordeste*, v. 45, n. 3, 2014, pp. 33-45.
12. Criança Livre de Trabalho Infantil, "Piores formas de trabalho Infantil", <https://livredetrabalhoinfantil.org.br/trabalho-infantil/piores-formas/>.
13. Maria de Fátima P. Alberto et al., "O trabalho infantil doméstico e o processo de escolarização", *Psicologia & Sociedade*, v. 23, 2011, pp. 293-302.
14. Jurema Brites, "Afeto e desigualdade: Gênero, geração e classe entre empregadas domésticas e seus empregadores", *Cadernos Pagu*, 2007, pp. 91-109.
15. Preta Rara, *Eu, empregada doméstica: A senzala moderna é o quartinho da empregada*, Belo Horizonte: Letramento, 2020.
16. Laura Moscoviz et al., "Learning Loss and Student Dropouts During the Covid-19 Pandemic: A Review of the Evidence Two Years After Schools Shut Down", Center for Global Development, Working Paper, v. 609, 2022.
17. OECD, "Women With Low Levels of Education Face a Double Disadvantage in the Labour Market", Mar. 2018, <https://www.oecd.org/gender/data/women-with-low-levels-of-education-face-a-double-disadvantage-in-the-labour-mark.htm>.
18. Iede e Primeira Escolha, "Respostas pedagógicas sobre o impacto da pandemia na aprendizagem dos estudantes", 2022, <https://www.portaliede.com.br/wp-content/uploads/2022/08/Impacto_Pandemia_Iede_Agosto2022.pdf>.

19. Guilherme Lichand et al., "The Impacts of Remote Learning in Secondary Education: Evidence from Brazil During the Pandemic", IDB, jun. 2021, <https://publications.iadb.org/en/impacts-remote-learning-secondary-education-evidence-brazil-during-pandemic>.
20. "Da creche ao ensino médio, 17% dos brasileiros estão em escolas particulares", *Folha de S.Paulo*, 16 ago. 2022, <https://www1.folha.uol.com.br/educacao/2022/08/da-creche-ao-ensino-medio-so-17-dos-brasileiros-estao-em-escolas-particulares.shtml>.

7. Violência contra a mulher: Um fator sociocultural que impacta a economia [pp. 184-212]

1. Daniely B. de Oliveira, "A tese da legítima defesa da honra: O que é e por que é inconstitucional?", *Politize!*, 27 jul. 2021, <https://www.politize.com.br/tese-da-legitima-defesa-da-honra/>.
2. "STF proíbe por unanimidade uso do argumento da legítima defesa da honra por réus de feminicídio", G1, 13 mar. 2021, <https://g1.globo.com/jornal-nacional/noticia/2021/03/13/stf-proibe-por-unanimidade-uso-do-argumento-da-legitima-defesa-da-honra-por-reus-de-feminicidio.ghtml>.
3. Agência Senado, "Feminicídio: aprovado projeto que proíbe tese da 'legítima defesa da honra'", 6 jul. 2022, <https://www12.senado.leg.br/noticias/materias/2022/07/06/feminicidio-aprovado-projeto-que-proibe-tese-da-legitima-defesa-da-honra>.
4. "Juiz absolve réu de estupro por físico 'desenvolvido' de menina de 13 anos". UOL, 21 jun. 2022, <https://www.uol.com.br/universa/noticias/redacao/2022/06/21/juiz-absolve-acusado-de-estuprar-menina-por-ela-aparentar-idade-avancada.htm>.
5. Laura Capriglione, "As duas faces da Justiça", *Portal Geledés*, 23 jul. 2014, <https://www.geledes.org.br/duas-faces-da-justica/>.
6. Ipea, "Tolerância social à violência contra as mulheres", 4 abr. 2014, <https://www.ipea.gov.br/portal/images/stories/PDFs/SIPS/140327_sips_violencia_mulheres.pdf>.
7. Gabriela Caseff e Giovanna Balogh, "'Violência sexual é agenda capturada pelo campo conservador', diz socióloga", *Folha de S.Paulo*, 12 set. 2022, <https://www1.folha.uol.com.br/folha-so-

cialmais/2022/09/violencia-sexual-e-agenda-capturada-pelo-campoconservador-diz-sociologa.shtml>.
8. Lei nº 12015, de 7 ago. 2009, <http://www.planalto.gov.br/ccivil_03/_ato2007-2010/2009/lei/l12015.htm>.
9. João de Mari, "Justiça mantém absolvição de acusado de estuprar Mariana Ferrer", CNN Brasil, <https://www.cnnbrasil.com.br/nacional/justica-mantem-absolvicao-de-acusado-de-estuprar-mariana-ferrer/>.
10. Fórum Brasileiro de Segurança Pública, *17º Anuário brasileiro de segurança pública*, 2022, <https://forumseguranca.org.br/wp-content/uploads/2022/06/anuario-2022.pdf?v=5>.
11. Kristin L. Anderson e Debra Umberson, "Gendering Violence: Masculinity and Power in Men's Accounts of Domestic Violence", *Gender & Society*, v. 15, n. 3, 2001, pp. 358-80.
12. Fórum Brasileiro de Segurança Pública e Datafolha, "Visível e invisível: A vitimização de mulheres no Brasil", 2021.
13. "Perfil das prefeitas no Brasil (Mandato 2017-2020)", Instituto Alziras, 2018, <https://oig.cepal.org/sites/default/files/perfil_das_prefeitas_do_brasil_2017-2020.pdf/>.
14. Observatório de Violência Política Contra a Mulher, "Cartilha sobre Violência Política de Gênero", 2021, <http://www.mpf.mp.br/pgr/documentos/Cartillabras11compactado.pdf>.
15. Vivian Reis, "Caso Isa Penna: em decisão inédita, Alesp suspende deputado Fernando Cury por seis meses por passar a mão na colega", G1, 1º abr. 2021, <https://g1.globo.com/sp/sao-paulo/noticia/2021/04/01/caso-isa-penna-em-decisao-inedita-alesp-suspende-por-6-meses-mandato-do-deputado-fernando-cury-que-passou-a-mao-em-colega.ghtml>.
16. "Isa Penna vai entrar com ação contra delegado Olim após deputado falar que ela teve 'sorte' de ser assediada sexualmente na Alesp", G1, 21 abr. 2022, <https://g1.globo.com/sp/sao-paulo/noticia/2022/04/21/isa-penna-vai-entrar-com-acao-contra-delegado-olim-apos-deputado-falar-que-ela-teve-sorte-de-ser-assediada-sexualmente-na-alesp.ghtml>.
17. Renata Souza, "O feminicídio político de Marielle Franco", *El País*, 14 mar. 2019, <https://brasil.elpais.com/brasil/2019/03/14/politica/1552562116_307529.html>.
18. Lei nº 13104, de 9 mar. 2015, <http://www.planalto.gov.br/ccivil_03/_ato2015-2018/2015/lei/l13104.htm>.

19. "Mulher de 26 anos é morta ao buscar objetos na casa do ex-marido em Santa Catarina", *Folha de S.Paulo*, 1º set. 2022, <https://www1.folha.uol.com.br/cotidiano/2022/09/mulher-de-26-anos-e-morta-ao-buscar-objetos-na-casa-do-ex-marido-em-santa-catarina.shtml>.
20. Lei nº 11340, de 7 de agosto de 2006, <https://www.planalto.gov.br/ccivil_03/_ato2004-2006/2006/lei/l11340.htm>. Um resumo da lei está disponível no site do Instituto Maria da Penha, <https://www.institutomariadapenha.org.br/lei-11340/resumo-da-lei-maria-da-penha.html>.
21. Anderson da S. Rosa e Ana Cristina P. Brêtas, "A violência na vida de mulheres em situação de rua na cidade de São Paulo, Brasil", *Interface — Comunicação, Saúde, Educação*, v. 19, 2015, pp. 275-85.
22. Ver a lei comentada em <https://www.institutomariadapenha.org.br/lei-11340/lei-maria-da-penha-na-integra-e-comentada.html>.
23. Regina Madalozzo e Merike Blofield, "Como famílias de baixa renda em São Paulo conciliam trabalho e família?", *Revista Estudos Feministas*, n. 25, 2017, pp. 215-40.
24. Lília Teles e Monica Marques, "Vítima de estupro de anestesista no parto gravado percebeu 'algo na boca': 'Um líquido gosmento' que 'não conseguia cuspir'", G1, 25 ago. 2022, <https://g1.globo.com/rj/rio-de-janeiro/noticia/2022/08/15/vitima-de-estupro-de-anestesista-no-parto-gravado-percebeu-algo-na-boca-um-liquido-gosmento-que-nao-conseguia-cuspir.ghtml>.
25. OMS, "Prevenção e eliminação de abusos, desrespeito e maus-tratos durante o parto em instituições de saúde", 2014, <https://apps.who.int/iris/bitstream/handle/10665/134588/WHO_RHR_14.23_por.pdf;jsessionid=71A5526EB49C740B E2F28AFCAD44A 8E7?sequence=3>.
26. Maria do Carmo Leal et al., "A cor da dor: Iniquidades raciais na atenção pré-natal e ao parto no Brasil", *Cadernos de Saúde Pública*, v. 33, 2017.
27. Art. 10 da Lei nº 11634, de 27 de dezembro de 2007, <https://www.planalto.gov.br/ccivil_03/_ato2007-2010/2007/lei/l11634.htm>.
28. Rute Pina e Raphaela Ribeiro, "Racismo na saúde: Nas maternidades, a dor também tem cor", Agência Pública, 2 mar. 2020, <https://apublica.org/2020/03/nas-maternidades-a-dor-tambem-tem-cor/>.
29. Lei nº 11108, de 7 de abril de 2005, <https://www.planalto.gov.br/ccivil_03/_ato2004-2006/2005/lei/l11108.htm>.

30. Serena Williams, "How Serena Williams Saved Her Own Life", *Elle*, 5 abr. 2022, <https://www.elle.com/life-love/a39586444/how-serena-williams-saved-her-own-life/>.
31. Tânia R. de A. Cunha, "Violência conjugal: Os ricos também batem", *Publicatio UEPG: Ciências Humanas, Linguística, Letras e Artes*, v. 16, n. 1, 2008.
32. Agência Câmara, "Comissão discute porte de arma de fogo para mulheres sob medida protetiva", 14 dez. 2021, <https://www.camara.leg.br/noticias/837875-comissao-discute-porte-de-arma-de-fogo-para-mulheres-sob-medida-protetiva/>.
33. Thomas Conti, "Dossiê Armas, Crimes e Violência: o que nos dizem 61 pesquisas recentes", 5 out. 2017, <http://thomasvconti.com.br/2017/dossie-armas-violencia-e-crimes-o-que-nos-dizem-61-pesquisas-recentes/>.
34. Susan B. Sorenson e Douglas J. Wiebe, "Weapons in the Lives of Battered Women", *American Journal of Public Health*, v. 94, n. 8, 2004, pp. 1412-7.
35. Ver, por exemplo: Rachel Jewkes, Michael Flood e James Lang, "From Work With Men and Boys to Changes of Social Norms and Reduction of Inequities in Gender Relations: A Conceptual Shift in Prevention of Violence Against Women And Girls", *The Lancet*, v. 385, n. 9977, 2015, pp. 1580-9; Dean Peacock e Gary Barker, "Working with Men and Boys to Prevent Gender-Based Violence: Principles, Lessons Learned, and Ways Forward", *Men and Masculinities*, v. 17, n. 5, 2014, pp. 578-99.
36. Julie Pulerwitz et al., "Promovendo normas e comportamentos equitativos de gênero entre homens jovens como estratégia de prevenção do HIV/aids", Horizons Final Report, Washington, DC: Population Council, 2007, <https://www.equimundo.org/wp-content/uploads/2015/01/Promoting-Equitable-Gender-Norms-and-Behaviors-Portuguese.pdf>.
37. Banco Mundial, "enGENDER IMPACT: Addressing Gender-Based Violence". *IBRD/IDA*, <https://www.worldbank.org/en/topic/gender/publication/engender-impact-addressing-gender-based-violence>.
38. Stephanie Riger e Susan Staggs, *The Impact of Intimate Partner Violence on Women's Labor Force Participation*, Washington, DC: US Department of Justice, 2004.

39. Peter Mertin e Philip B. Mohr, "A Follow-Up Study of Posttraumatic Stress Disorder, Anxiety, and Depression in Australian Victims of Domestic Violence", *Violence and Victims*, v. 16, n. 6, 2001, p. 645.
40. Donna E. Stewart, Harriet Macmillan e Nadine Wathen, "Intimate Partner Violence", *The Canadian Journal of Psychiatry*, v. 58, n. 6, 2013, pp. E1-E15.

Epílogo [pp. 213-19]

1. Izabella Caixeta, "Leopoldina: A mulher que assinou a independência do Brasil", *Estado de Minas*, 8 set. 2021, <https://www.em.com.br/app/noticia/diversidade/2021/09/08/noticia-diversidade,1303292/leopoldina-a-mulher-que-assinou-a-independencia-do-brasil.shtml>. O livro *D. Leopoldina, a história não contada: A mulher que arquitetou a independência do Brasil*, de Paulo Rezzutti, (São Paulo: Leya Brasil, 2017), conta essa história de forma bem interessante.
2. "Maria Felipa" é um dos capítulos do livro *Independência do Brasil: As mulheres estavam lá*, organizado por Heloisa M. Starling e Antonia Pellegrino e ilustrado por Juliana Misumi (Rio de Janeiro: Bazar do Tempo, 2022).
3. "Menina de 11 anos que teve aborto negado no Piauí volta a engravidar por estupro", *Folha de S.Paulo*, 11 set. 2022, <https://www1.folha.uol.com.br/cotidiano/2022/09/menina-de-11-anos-que-teve-aborto-negado-no-piaui-volta-a-engravidar-por-estupro.shtml>.
4. "Podcast investiga maior processo por aborto do Brasil e como tema virou debate político", *Folha de S.Paulo*, 29 ago. 2023, <https://www1.folha.uol.com.br/podcasts/caso-das-10-mil/>.
5. Ver os respectivos sites: <https://www.atados.com.br/ong/mstc> e <https://sp.unmp.org.br/>.
6. Conselho Federal de Nutricionistas, "Pesquisa revela que a fome avança no Brasil e atinge 33,1 milhões de pessoas", 8 jun. 2022, <https://www.cfn.org.br/index.php/noticias/pesquisa-revela-que-a-fome-avanca-no-brasil-e-atinge-331-milhoes-de-pessoas/>.
7. A declaração está disponível por exemplo em <https://www.unicef.org/brazil/declaracao-universal-dos-direitos-humanos>.
8. Ver Paulo Arvate, Sergio Firpo e Renan Pieri, "Can Women's Performance in Elections Determine the Engagement of Adolescent

Girls in Politics?", *European Journal of Political Economy*, v. 70, 2021, artigo nº 102045; David E. Campbell e Christina Wolbrecht, "See Jane Run: Women Politicians as Role Models for Adolescents", *The Journal of Politics*, v. 68, n. 2, 2006; Christina Wolbrecht e David E. Campbell, "Leading by Example: Female Members of Parliament as Political Role Models", *American Journal of Political Science*, v. 51, n. 4, 2007.

ESTA OBRA FOI COMPOSTA POR MARI TABOADA EM DANTE PRO E IMPRESSA EM OFSETE PELA GRÁFICA BARTIRA SOBRE PAPEL PÓLEN NATURAL DA SUZANO S.A. PARA A EDITORA SCHWARCZ EM MAIO DE 2024

A marca FSC® é a garantia de que a madeira utilizada na fabricação do papel deste livro provém de florestas que foram gerenciadas de maneira ambientalmente correta, socialmente justa e economicamente viável, além de outras fontes de origem controlada.